제8판

원가관리 회계 해답

백태영

신영사

머리말

부족한 본인의 『원가관리회계』 저서를 이용해 주시는 교수님과 학생들, 일반 독자분들에게 늘 감사드립니다. 좀더 나은 학습을 위해 제8판에서는 최근 기출문제로 대폭 교체하면서 풀이 제공에 좀더 신경을 썼습니다. 한 문제에 대해 다양한 풀이가 존재할 수 있는데, 일부 시중의 풀이를 보면 불필요하게 복잡하여 시간이 많이 걸리고 이해하기 어렵게 작성된 것을 종종 발견합니다. 가급적 간단하고 이해하기 쉬운 풀이를 만들어 제공하도록 노력하였습니다.

KOCW(www.kocw.net)에 있는 성균관대학교 경영대학의 원가관리회계 강의 동영상보다는 성균관대학교 공개강의 시스템인 SKKUOCW(socw.skku.edu)에 있는 원가관리회계 정규강좌 동영상이 상대적으로 최근의 강의이므로 사용하시면 편리합니다. 2022년 2학기부터 IFRS재단의 ISSB(국제지속가능성기준위원회) 상근위원으로 근무하면서 더 이상 성균관대학교에서 원가관리회계 강의를 하지 않아 최신판의 강의동영상을 제공하지 못하게 됨을 죄송하게 생각합니다. 교재 사용시의 어떤 질문이나 제안사항이든 편하게 신영사 게시판을 통해 문의해 주시면 신속히 자세히 답변해 드리겠습니다.

항상 가장 큰 후원자인 사랑스런 아내와 선우, 선호에게 깊은 고마움을 느낍니다.

2024. 1

저 자

차 례

제 IV 부

의사결정과 성과평가

1 원가관리회계란 무엇인가?

객관식

01 ① [회계의 분류]

원가회계 : 원가계산방법을 주로 다룬다.
재무회계 : 기업이나 단체의 재무보고에 대한 회계이다.
회계감사 : 회계보고서의 적정성을 확인하는 기법을 다루는 회계분야이다.
회계원리 : 회계의 기본 원리를 다루는 분야이다.

02 ④ [관리회계의 특징]

①, ②, ③은 재무회계의 특징이다.
⑤ 회계처리는 관리회계 영역이 아니다.

03 ③ [원가회계의 특징]

주관적인 자료도 사용된다.

04 ⑤ [원가의 개념]

① 비용의 개념, ② 자산의 장부가/시가, ③ 사업 투자비/운영비, ④ 초기 투자액

05 ④ [관리회계의 특징]

관리회계는 기업내부정보이용자를 위한 자료이다.

06 ② [원가회계의 특징]

회사의 모든 자산과 부채에 대한 평가자료를 제공하지 않는다.

주관식

07 [원가관리회계와 사회]

특정 신문의 홈페이지나 www.kinds.or.kr에서 검색한다.

08 [재무회계와 관리회계의 비교]

pp.25～27 참조

2 원가개념

객관식

01 ① [원가개념]

판매가격 = ₩58,500

= 총원가 + 0.3 총원가 ⇒ 총원가(ㅂ) = ₩45,000, 영업이익(ㅁ) = ₩13,500

총원가 = ₩45,000

= 제조원가 + 0.5 제조원가 ⇒ 제조원가(ㄹ) = ₩30,000, 판관비(ㄷ) = ₩15,000

제조간접원가(ㄱ) = 제조원가 − 기초원가 = ₩30,000 − 25,000(ㄴ) = ₩5,000

02 ② [원가개념]

총변동원가는 관련범위 내에서 일정하지 않다.

03 ③ [원가개념]

① 단위당 고정원가는 조업도가 늘어날수록 감소한다.
② 관련범위 내에서 단위당 변동원가는 생산량이 증가함에 따라 일정하다.
③ 비정상적으로 발생하는 원가(비정상공손)는 제조원가에 포함하지 않는다.
④ 제조기업의 제품배달용 트럭의 감가상각비는 판매관리비이다.
⑤ 서비스기업의 본사에서 사용하는 컴퓨터 전기료는 판매관리비이다.

04 ④ [기초원가와 가공원가]

기초원가 = 직접재료원가 + 직접노무원가 = ₩900,000
가공원가 = 직접노무원가 + 제조간접원가 = ₩740,000

05 ① [기초원가와 가공원가]

단위당 기초원가 = ₩28,000 + 40,000 = ₩68,000

단위당 가공원가 = ₩40,000 + 60,000 + ₩200,000/20 = ₩110,000

06 ⑤ [변동원가와 고정원가]

	5월	6월
생산량(단위)	9,000단위	10,000단위
직접재료원가	₩18,000	(₩18,000/9,000단위)×10,000단위 = ₩20,000
고정임차료	₩8,000	₩8,000
기타제조원가	₩39,000	₩70,000 − 20,000 − 8,000 = ₩42,000
합 계		₩70,000

07 ④ [관련원가]

기존 컴퓨터의 취득원가와 장부금액은 비관련원가이다. 단, 세금이 존재하며 기존 컴퓨터의 장부금액과 처분가치가 다를 경우 기존 컴퓨터 처분시점의 장부금액은 관련원가이다.

08 ① [제조원가의 분류]

공장건물 화재보험료	₩150
공장건물 감가상각비	250
공장기계 리스료	50
공장장 급여	200
공장토지 재산세	100
제조간접원가 총액	₩750

09 ① [제조원가의 분류]

② (ㄹ)

③ (ㄹ)

④ (ㄴ) 또는 (ㄹ)

10 ④ [제조원가의 분류와 흐름]

제조간접원가 = ₩1,000(간접노무원가) + ₩250(감가상각비 − 공장)
+ ₩120(전기료 − 공장) + ₩1,000(기타 제조간접원가)
= ₩2,370

재공품

기초	6,000	당기제품제조원가	? = 8,370
직접재료원가	3,000	기말	5,000
직접노무원가	2,000		
제조간접원가	2,370		

11 ② [제조원가의 분류와 흐름]

직접노무원가(DL) : ₩450
제조간접원가(OH) : ₩100 + ₩150 × 1/3 = ₩150
직접재료원가(DM) : [DL + OH] × 50% = ₩300
당기총제조원가 : DM + DL + OH = ₩900
당기제품제조원가 : ₩100 + 900 − 100 = ₩900
매출원가 : ₩100 + 900 − 100 = ₩900
매출총이익 : ₩2,000 − 900 = ₩1,100

12 ④ [제조원가의 흐름]

생산된 모든 제품이 판매되었으므로 변동제조원가 발생액이 변동매출원가와 같다.

13 ② [제조원가의 흐름]

당기제품제조원가 − 매출원가 = 기말제품 − 기초제품 = ₩28,000 − 13,000 = ₩15,000

〈별 해〉

직접재료원가 = ₩23,000 + 55,000 − 12,000 = ₩66,000
당기제품제조원가 = 기초재공품 + 직접재료원가 + 가공원가 − 기말재공품
= ₩30,000 + 66,000 + 64,000 − 45,000
= ₩115,000

매출원가=기초제품+당기제품제조원가-기말제품

= ₩13,000 + 115,000 - 28,000 = ₩100,000

당기제품제조원가-매출원가=₩115,000-100,000=₩15,000

14 ① [제조원가의 흐름]

직접재료원가=₩34,000+56,000-10,000=₩80,000

직접노무원가=기본(기초)원가-직접재료원가=₩320,000-80,000=₩240,000

직접노무원가=가공원가×40%=₩240,000

∴ 가공원가=₩600,000

당기제품제조원가=₩37,000+(₩80,000+600,000)-₩20,000=₩697,000

매출원가=₩10,000+697,000-48,000=₩659,000

15 ① [제조원가의 흐름]

당기총제조원가

=₩130,000(당기제품제조원가)+₩20,000(기말재공품)-₩25,000(기초재공품)

=₩125,000

제조간접원가=₩125,000(당기총제조원가)-₩85,000(기본원가)=₩40,000

직접노무원가=₩75,000(가공원가)-₩40,000(제조간접원가)=₩35,000

직접재료원가=₩85,000(기본원가)-₩35,000(직접노무원가)=₩50,000

직접재료매입액

=₩50,000(직접재료원가)+₩13,000(기말직접재료)-₩18,000(기초직접재료)

=₩45,000

16 ③ [제조원가의 흐름]

직접재료원가=₩18,000+150,000-16,000=₩152,000

당기총제조원가=₩152,000+594,000=₩746,000

당기제품제조원가=₩4,000+746,000-14,000=₩736,000

매출원가=₩16,000+736,000-12,000=₩740,000

17 ① [제조원가의 흐름]

매출원가 = 당기제품제조원가 + 기초제품 − 기말제품

= (당기총제조원가 + 기초재공품 − 기말재공품) + 기초제품 − 기말제품

₩115,000 = (C + ₩100,000 − 95,000) + ₩50,000 − ₩55,000

C = ₩115,000 − 5,000 + 5,000 = ₩115,000

18 ④ [제조원가의 흐름]

재료원가 = ₩4,000 − 1,400 = ₩2,600

노무원가 = ₩3,700 − 200 + 500 = ₩4,000

간접재료원가 및 간접노무원가 = ₩2,600 + 4,000 − 5,700 = ₩900

제조간접원가 = ₩900 + 2,100 = ₩3,000

19 ② [제조원가의 흐름]

매출원가 = 매출액 × (1 − 매출총이익률) = ₩115,000 × (1 − 0.4) = ₩69,000

당기제품제조원가 = 매출원가 + 기말제품 − 기초제품

= ₩69,000 + 21,000 − 20,400 = ₩69,600

당기총제조원가 = 당기제품제조원가 + 기말재공품 − 기초재공품

= ₩69,600 + 7,200 − 8,000 = ₩68,800

= 직접재료원가 + 직접노무원가(2X) + 제조간접원가(X)

= ₩4,000 + 22,000 − 5,200 + 3X

⇒ 3X = ₩48,000 ⇒ X = ₩16,000

〈별 해〉

재고자산(직접재료 + 재공품 + 제품)

기초직접재료	₩4,000	기말직접재료	₩5,200
기초재공품	8,000	기말재공품	7,200
기초제품	20,400	기말제품	21,000
직접재료매입액	22,000	매출원가 ₩115,000 × (1 − 0.4) =	69,000
직접노무원가	2X		
제조간접원가	X		
	3X + ₩54,400		₩102,400

3X = ₩102,400 − 54,400 = ₩48,000 ⇒ X = ₩16,000

20 ① [제조원가의 흐름]

재공품

기초재공품	60,000	당기제품제조원가	136,000
직접재료원가	45,000		
직접노무원가	35,000		
제조간접원가	26,000	기말	30,000
	166,000		166,000

제 품

기초	45,000	매출원가	121,000
	136,000	기말	60,000
	181,000		181,000

21 ④ [제조원가의 흐름]

당기총제조원가＝당기제품제조원가＋기말재공품－기초재공품

＝ ₩1,400,000 ＋ 200,000 － 100,000 ＝₩1,500,000

제조간접원가＝당기총제조원가－기본원가＝₩1,500,000－1,200,000＝₩300,000

직접노무원가＝가공원가－제조간접원가＝₩1,100,000－300,000＝₩800,000

22 ③ [제조원가의 흐름]

직접재료원가＝기초직접재료＋매입액－기말직접재료

＝ ₩2,000 ＋22,000－ 4,000 ＝₩20,000

직접노무원가가 기본원가의 반이므로, 직접노무원가＝직접재료원가＝₩20,000

전환원가＝직접노무원가＋제조간접원가＝₩20,000＋전환원가×0.8

∴ 전환원가 ₩100,000

당기총제조원가＝직접재료원가＋전환원가＝₩120,000

당기제품제조원가＝기초재공품＋당기총제조원가－기말재공품

＝ ₩8,000 ＋ 120,000 － 10,000 ＝₩118,000

23 ⑤ [제조원가의 흐름]

당기총제조원가

직접재료원가 : ₩27,000＋83,000－9,000＝	₩101,000
직접노무원가 : ₩306,000(기초원가)－₩101,000＝	205,000
제조간접원가 : (전환원가의 50%이므로 직접노무원가와 같음)	205,000
	₩511,000

당기제품제조원가＝₩30,000＋511,000－15,000＝₩526,000

매출원가＝₩35,000＋526,000－28,000＝₩533,000

24 ② [제조원가의 흐름]

직접재료원가＝₩40,000＋100,000－30,000＝₩110,000

당기총제조원가＝당기제품제조원가＋기말재공품－기초재공품

＝ ₩210,000 ＋ 25,000 － 40,000 ＝₩195,000

당기총제조원가＝직접재료원가＋직접노무원가＋제조간접원가(H)

₩195,000 ＝ ₩110,000 ＋ 0.7H ＋ H

1.7H＝₩85,000 H＝₩50,000

25 ② [제조원가의 흐름]

당기제품제조원가－매출원가＝기말제품－기초제품

＝ ₩28,000 － 13,000 ＝₩15,000

〈별 해〉

당기총제조원가＝ 직접재료원가 ＋가공원가

＝₩23,000＋55,000－12,000＋ 64,000 ＝₩130,000

당기제품제조원가＝당기총제조원가＋기초재공품－기말재공품

＝ ₩130,000 ＋ 30,000 － 45,000 ＝₩115,000

매출원가＝당기제품제조원가＋기초제품－기말제품

＝ ₩115,000 ＋ 13,000 － 28,000 ＝₩100,000

당기제품제조원가－매출원가＝₩115,000－100,000＝₩15,000

26 ③ [제조원가의 흐름과 이익]

매출원가＝매출액/1.2＝₩180,000/1.2＝₩150,000

당기제품제조원가＝매출원가＋기말제품－기초제품

＝₩150,000＋ 23,000 － 18,000 ＝₩155,000

당기총제조원가＝당기제품제조원가＋기말재공품－기초재공품

＝ ₩155,000 ＋ 15,000 － 20,000 ＝₩150,000

직접재료원가＝당기총제조원가－가공(전환)원가＝₩150,000－98,000＝₩52,000

직접재료매입액＝직접재료원가＋기말직접재료－기초직접재료

＝ ₩52,000 ＋ 13,000 － 17,000 ＝₩48,000

영업이익＝ 매출액 － 매출원가 － 판매관리비

＝₩180,000－ 150,000 － 10,000 ＝₩20,000

27 ③ [제조원가의 흐름과 이익]

재고자산(직접재료＋재공품＋제품)

기초직접재료	₩2,000	기말직접재료		₩7,000
기초재공품	8,000	기말재공품		5,000
기초제품	7,000	기말제품		10,000
직접재료매입액	15,000	매출원가	₩60,000/1.2＝	50,000
가공원가	C			
	C＋₩32,000			₩72,000

가공원가	₩40,000	
직접노무원가	₩40,000×(1－0.4)＝	₩24,000
직접재료원가	₩2,000＋15,000－7,000＝	10,000
기초원가		₩34,000

28 ④ [제조원가의 흐름과 이익]

매출원가＝₩302,500(1－0.2)＝₩242,000

당기제품제조원가＝₩242,000＋120,000－90,000＝₩272,000

당기총제조원가＝₩272,000＋40,000－100,000＝₩212,000

당기직접재료원가＝₩212,000－70,000－52,000＝₩90,000

∴ 당기직접재료매입액＝₩90,000＋40,000－20,000＝₩110,000

29 ① [제조원가의 흐름과 이익]

매출원가＝당기총제조원가＋기초재공품재고액－기말재공품재고액
＋기초제품재고액－기말제품재고액
＝₩60,000＋50,000－70,000＋80,000－90,000
＝₩30,000

영업이익＝매출액－매출원가－판매관리비＝₩45,000－30,000－10,000＝₩5,000

30 ② [제조원가의 흐름과 이익]

당기총제조원가＝ 직접재료원가 ＋전환원가
＝ ₩830,000 ＋ 2,250,000 ＝₩3,080,000

당기제품제조원가＝당기총제조원가＋기초재공품－ 기말재공품
＝ ₩3,080,000 ＋ 170,000 － 320,000 ＝₩2,930,000

매출원가＝기초제품 ＋당기제품제조원가 － 기말제품
＝ ₩130,000＋ 2,930,000 － 110,000 ＝₩2,950,000

매출총이익＝매출액－매출원가＝₩3,835,000－2,950,000＝₩885,000

31 ③ [제조원가의 흐름과 이익]

재고자산(직접재료＋재공품＋제품)

기초직접재료	₩80,000	매출원가 ₩2,500,000×0.84＝	₩2,100,000
직접재료매입액	960,000	기말직접재료	60,000
직접노무원가	$0.4x$	기말재공품	75,000
제조간접원가	x	기말제품	80,000
기초재공품	100,000		
기초제품	125,000		
	₩2,315,000		₩2,315,000

x＝₩750,000

직접재료원가＝₩80,000＋960,000－60,000＝₩980,000

직접노무원가＝₩750,000×0.4＝₩300,000

기본원가＝₩980,000＋300,000＝₩1,280,000

32 ② [제조간접원가의 계산]

선급/미지급비용의 회계원리 지식 필요

공장관리비	₩250,000－150,000－25,000＝	₩75,000
수도광열비	₩300,000＋100,000－25,000＝	375,000
복리후생비	₩150,000＋100,000＋35,000＝	285,000
발생액 계		₩735,000

3 개별원가계산

객관식

01 ① [개별원가계산의 특징]

② 개별원가계산은 실제원가계산뿐만 아니라 정상원가계산, 표준원가계산 등 모두 가능하다.

③ 개별원가계산은 제품원가를 개별작업별로 구분하여 집계하므로 제조직접원가와 제조간접원가의 구분이 중요하다.

④ 각 작업별로 원가가 계산되기 때문에 원가계산자료가 상세하고 복잡하며 오류가 발생할 가능성이 높아진다.

02 ④ [개별원가계산의 특징]

개별원가계산은 각 작업별로 직접원가를 집계하고 간접원가를 배부해야 하므로 많은 비용과 시간이 필요하다.

03 ④ [개별원가계산의 특징]

제조간접원가는 작업별로 추적할 수 없어서 배부한다.

04 ④ [개별원가계산의 특징]

개별원가계산은 생산형태에 따른 원가계산방법(원가의 집계방법에 따른 분류)이고, 변동원가계산은 원가의 범위에 따른 원가계산방법(제품원가계산방법에 따른 분류)이므로 두 원가계산방법을 함께 채택할 수 있다.

05 ③ [개별원가계산]

₩1,000,000 × 320시간/2,500시간 = ₩128,000

06 ② [개별원가계산]

	일반형 전화기	프리미엄 전화기
직접노무원가	100시간×₩1,000/시간=₩100,000	200시간×₩2,000/시간=₩400,000

실제원가계산 제조원가 차이=제조간접원가의 차이

직접노무시간 기준	직접노무원가 기준
₩3,000,000/300시간=₩10,000/시간	₩3,000,000/(₩100,000+400,000)=6
200시간×₩10,000/시간=₩2,000,000	₩400,000×6=₩2,400,000

07 ① [개별원가계산]

직접재료원가	₩100,000
직접노무원가=200시간×₩500/시간=	100,000
제조간접원가=200시간×₩750/시간=	150,000
제조원가	₩350,000

08 ③ [개별원가계산]

직접재료원가=₩100,000

직접노무원가=200시간×₩500=₩100,000

제조간접원가=₩360,000−100,000−100,000=₩160,000

직접노무시간당 제조간접원가=₩160,000÷200시간=₩800

09 ④ [개별원가계산]

매출원가는 판매된 #101, #102의 원가의 합이다.

	#101		#102	
전기말 총제조원가		₩510		
당기직접재료원가				₩400
당기직접노무원가		20		250
당기제조간접원가	$₩816\times\frac{₩20}{₩680}=$	24	$₩816\times\frac{₩250}{₩680}=$	300
합계=₩1,504		₩554		₩950

10 ① [개별원가계산]

구 분	#1(완성, 판매)	#2(완성)	#3(미완성)	합 계
기초금액	₩450	–	–	
[당기투입액] 직접재료원가	₩6,000	₩2,500	₩1,500	₩10,000
직접노무원가(DL)	500	₩1,000/4＝₩250	₩1,000－500－250＝₩250	1,000
제조간접원가	₩500×4＝₩2,000	1,000	₩4,000－2,000－1,000＝₩1,000	4,000(DL의 4배)
계	₩8,950	₩3,750	₩2,750	₩15,000
	매출원가		기말재공품	당기총제조원가

당기제품제조원가＝₩8,950＋3,750＝₩12,700

11 ⑤ [개별원가계산]

작업 #2 제조간접원가배부＝제조간접원가×작업 #2 기본원가÷총기본원가

＝ ₩6,000 × ₩8,000 ÷ ₩20,000

＝₩2,400

작업 #2 기말재공품＝기초재공품＋직접재료원가＋직접노무원가＋제조간접원가

＝ ₩4,000 ＋ 3,000 ＋ 5,000 ＋ 2,400

＝₩14,400

12 ② [개별원가계산]

직접노무원가＝당기지급액＋당기말 미지급액－전기말 미지급액

파랑 : ₩450,000 ＋ 180,000 － 220,000

＝₩410,000

초록 : ₩670,000 ＋ 120,000 － 200,000

＝₩590,000

제조간접원가배부율＝제조간접원가 / 직접노무원가

＝ ₩200,000 / (₩410,000＋590,000) ＝20%

파랑의 제조원가

＝ 직접재료원가 ＋직접노무원가＋ 제조간접원가

＝(₩200,000＋500,000－150,000)＋ ₩410,000 ＋ ₩410,000×20% ＝₩1,042,000

13 ③ [개별원가계산]

A부문 직접노무원가＝제조간접원가 / A부문 제조간접원가배부율
＝ ₩60,000 / 200% ＝₩30,000
B부문 제조간접원가＝직접노무원가 × B부문 제조간접원가배부율
＝ ₩40,000 × 50% ＝₩20,000
총원가＝ 직접재료원가 ＋ 직접노무원가 ＋ 제조간접원가
＝(₩50,000＋10,000)＋(₩30,000＋40,000)＋(₩60,000＋20,000)
＝₩210,000

14 ④ [개별원가계산]

제조간접원가 배부율 : ₩2,000,000÷40,000시간＝₩50/시간
#369와 #248로 시작하여 #369가 완성되었으므로 #248의 재공품원가계산을 해야 한다.
#248재공품원가＝₩90,000＋₩30,000＋1,600시간×₩50/시간＝₩200,000

15 ② [개별원가계산]

지시서 #3 제조간접비 : ₩9,000×[₩1,000/(₩2,000＋2,000＋1,000)]＝₩1,800
(∵ 제조간접비는 직접재료비를 기준으로 배부)
재공품 기말재고액＝직접재료비＋직접노무비＋제조간접비
＝ ₩1,000 ＋ 2,500 ＋ 1,800 ＝₩5,300

16 ② [개별원가계산]

기초제품재고액＋당기제품제조원가＝매출원가＋기말제품재고액
₩400,000 ＋ 2,000,000 ＝ X ＋ ₩500,000
매출원가(X)＝₩1,900,000

17 ① [부문별 제조간접원가 배부율]

A부문＝₩400,000/2,000시간＝₩200/시간
B부문＝₩800,000/8,000시간＝₩100/시간

#1B의 가공원가

	직접노무원가	제조간접원가	계
A부문	₩20,000	₩200×120시간=₩24,000	
B부문	30,000	₩100×240시간=₩24,000	
계	₩50,000	₩48,000	₩98,000

18 ③ [서비스업의 개별원가계산]

세무조정계약건에 대한 원가는 직접원가와 간접원가로 나누어 계산한다. 직접원가는 시간당 급여를 사용하거나 직접 집계하고 간접원가는 배부율을 구하여 배부한다.

직접원가 :		
직접노무원가		
책임세무사(₩800,000,000/16,000시간×200시간)	₩10,000,000	
담당세무사(₩1,600,000,000/64,000시간×400시간)	10,000,000	₩20,000,000
기타 직접원가		2,600,000
간접원가 :		
일반관리비 (₩240,000,000/80,000시간×600시간)		1,800,000
보 험 료 (₩96,000,000/₩2,400,000,000×₩20,000,000)		800,000
비서실운영비(₩160,000,000/16,000시간×200시간)		2,000,000
총원가		₩27,200,000

19 ③ [정상원가계산]

배부액=실제시간×예정배부율=H×₩928,000/80,000시간=₩840,710

⇒ H=72,475시간

20 ④ [정상원가계산]

직접재료원가=당기총제조원가−직접노무원가−제조간접원가 배부액

=₩650,000 − ₩250,000 −20,000시간×₩6/시간

=₩280,000

재료 당기매입액=₩280,000+15,000−10,000=₩285,000

21 ② [정상원가계산]

예정배부율=(₩5,000+20,000+7,000+13,000)/10,000시간=₩4.5/기계시간

22 ② [실제원가계산과 정상원가계산]

$$실제배부액-예정배부액=2{,}000시간\times\frac{₩2{,}000{,}000}{4{,}000시간}-2{,}000시간\times\frac{₩2{,}000{,}000}{5{,}000시간}$$

=₩200,000 차이

23 ③ [제조간접원가 배부차이]

제조간접원가 배부액=₩787,500(실제금액)+₩37,500(과대배부액)=₩825,000

=실제조업도×₩25/시간

실제조업도=₩825,000÷₩25/시간=33,000시간

예정조업도=33,000시간/110%=30,000시간

$$예정배부율=\frac{제조간접원가\ 예산}{예정조업도}=₩25/시간$$

제조간접원가 예산=30,000시간×₩25/시간=₩750,000

〈별 해〉

제조간접원가 예정배부액=₩787,500(실제금액)+₩37,500(과대배부액)=₩825,000

=실제조업도×₩25/시간

제조간접원가 예산=예정조업도×₩25/시간=실제조업도/1.1×₩25/시간

=₩825,000/1.1=₩750,000

24 ① [제조간접원가 배부차이]

제조간접원가 배부액=₩52,500(실제발생액)+₩2,500(과대배부)=₩55,000

실제조업도=₩55,000(예정배부액)÷₩100/시간(예정배부율)=550시간

예정조업도=550시간-50시간=500시간

제조간접원가 배부액=550시간×(제조간접비 예산/500시간)=₩55,000

제조간접비 예산=₩50,000

25 ④ [제조간접원가 배부차이]

예정배부율＝₩10,000/100시간＝₩100/시간

배부액＝₩100/시간×90시간＝₩9,000

제조간접원가 부족(과소)배부액은 ₩1,000이므로,

제조간접원가 실제발생액＝₩10,000

26 ② [제조간접원가 배부차이]

원가요소별 비례배부법은 기말의 재공품, 제품 및 매출원가에 포함되어 있는 제조간접원가 예정배부액의 비율에 따라 제조간접원가 배부차이를 조정한다.

27 ④ [제조간접원가 배부차이]

예정배부율＝₩2,040,000/800,000시간＝₩2.55/시간

제조간접원가 배부차이＝배부액－실제액

＝840,000시간× ₩2.55/시간－ ₩2,160,000

＝(₩18,000) (과소배부)

28 ② [제조간접원가 배부차이]

배부액＝450시간×(₩192,400÷3,700시간)＝₩23,400

실제발생액＝₩23,400－1,300＝₩22,100

29 ② [제조간접원가 배부차이]

제조간접원가 배부액＝실제제조간접원가 － 과소배부차이

＝ ₩3,800,000 － 200,000 ＝₩3,600,000

30 ③ [제조간접원가 배부차이]

예정배부율＝₩2,000/200시간＝₩10/직접노무시간

제조간접원가 배부액＝210시간× ₩10/시간＝₩2,100

실제발생액＝₩2,100－200(과대배부액)＝₩1,900

31 ① [제조간접원가 배부차이조정]

제조간접원가 배부차액은 재공품, 제품, 매출원가에 안분한다. 재료재고는 제조간접원가 배부차이와 관련이 없다.

32 ⑤ [제조간접원가 배부차이조정]

ㄱ. 제조간접원가 배부액과 실제제조간접원가의 차이인 제조간접원가 배부차이를 매출원가에서 조정하는 분개이다.
ㄴ. 정상원가계산에서 사용하는 분개이다.
ㄷ. ㄹ. 과소배부이므로 매출원가를 높이는 분개이다.
ㅁ. 매출원가가 높아지므로 매출총이익이 감소한다.

33 ① [제조간접원가 배부차이의 매출원가조정]

기초재고가 없으므로 제조간접원가 당기배부액이 기말재공품, 기말제품, 매출원가에 포함되어 있다.

제조간접원가 배부차이＝₩630,000－(₩150,000＋200,000＋250,000)＝₩30,000 (과소)
매출원가조정법 : 매출원가가 ₩30,000 증가하여 이익이 ₩30,000 감소

총원가비례배부법 : $₩30,000 \times \dfrac{₩900,000}{₩500,000+600,000+900,000} = ₩13,500$

매출원가가 ₩13,500 증가하여 이익이 ₩13,500 감소

⇒ 매출원가조정법으로 회계처리하면, 총원가비례배부법에 비해 당기순이익이 ₩16,500(＝₩30,000－13,500) 더 감소한다.

34 ④ [제조간접원가 배부차이의 매출원가조정]

직접재료원가＝₩3,000＋21,000－4,000＝₩20,000
직접노무원가＝(₩20,000＋직접노무원가)×60%
⇒ 직접노무원가＝₩30,000

재고자산(직접재료＋재공품＋제품)

차변	금액	대변	금액
기초직접재료	₩3,000	매출원가	₩90,000
기초재공품	50,000	기말직접재료	4,000
기초제품	70,000	기말재공품	45,000
당기직접재료매입액	21,000	기말제품	60,000
직접노무원가	30,000		
제조간접원가 배부액	OH		
	₩199,000		₩199,000

⇒ OH＝₩25,000

실제제조간접원가＝ 배부액 ＋과소배부액

＝₩25,000＋ 7,000 ＝₩32,000

35 ④ [제조간접원가 배부차이의 매출원가조정]

예정배부율＝기초재공품 제조간접원가/기초재공품 직접노무원가

＝₩4,200/₩2,800＝1.5

제조간접원가 배부액＝당기실제직접노무원가×1.5＝₩18,000×1.5＝₩27,000

당기제품제조원가＝당기총제조원가＋기초재공품－기말재공품

＝(₩15,000＋18,000＋27,000)＋(₩2,500＋2,800＋4,200)

－(₩3,000＋3,800＋3,800×1.5)

＝₩57,000

36 ② [제조간접원가 배부차이의 매출원가조정]

직접재료원가＝₩40,000－10,000＝₩30,000

직접노무원가＝직접재료원가×40/60＝₩30,000×2/3＝₩20,000

제조간접원가 배부액＝직접노무원가×0.5＝₩20,000×0.5＝₩10,000

제조간접원가 배부차이＝₩10,000－8,000＝₩2,000 (과대배부)

당기제품제조원가＝₩25,500＋(₩10,000－1,500)＋(₩10,000－1,500)×2＝₩51,000

매출원가＝당기제품제조원가＋기초제품－기말제품＝₩51,000＋0－4,000＝₩47,000

조정 후 매출원가＝₩47,000－2,000＝₩45,000

37 ⑤ [제조간접원가 배부차이의 안분]

제조간접원가 예정배부액 = 기본원가 × 0.5 = ₩750,000 × 0.5 = ₩375,000

실제제조간접원가

= 기말재공품, 기말제품, 매출원가의 조정후 총제조원가 − 기본원가

= ₩120,000 + 180,000 + ₩1,000,000 × 80% − ₩750,000

= ₩350,000

배부차이 = (조정전) 배부액 − 실제액 = ₩25,000 (과대배부)

38 ③ [제조간접원가 배부차이의 안분]

① 배부차이 : ₩1,100,000(예정배부액) − ₩1,000,000(실제발생액) = ₩100,000 과대배부

② 재공품 배부차이조정액 : ₩100,000 × ₩500,000/₩2,000,000 = ₩25,000

③ 제품 배부차이조정액 : ₩100,000 × ₩300,000/₩2,000,000 = ₩15,000

조정후 기말제품 = ₩300,000 − 15,000 = ₩285,000

④ 매출원가 배부차이조정(감소)액 : ₩100,000 × ₩1,200,000/₩2,000,000 = ₩60,000

39 ④ [제조간접원가 배부차이의 안분]

	매출원가 (#101)	제 품 (#102)	재공품 (#103)	합 계
직접재료원가	₩27,000	₩28,000	₩5,000	
직접노무원가	25,000	26,000	13,000	
제조간접원가	1,400 × ₩20 = 28,000	1,800 × ₩20 = 36,000	600 × ₩20 = 12,000	₩76,000
배부차이조정전 총원가	80,000	90,000	30,000	200,000
(+)배부차이	₩6,000 × 8/20 = 2,400			
배부차이조정후 총원가	82,400			

배부차이 = ₩82,000(실제) − ₩76,000(예정배부액) = ₩6,000 (과소)

매출총이익 = ₩120,000 − 82,400 = ₩37,600

40 ⑤ [제조간접원가 배부차이의 안분]

	#101	#102	#103	합 계
기초재고	₩7,500	₩6,000	₩5,250	₩18,750
기본원가		1,500	1,000	2,500
제조간접원가 배부		600	400	1,000
		(=₩1,500×40%)	(=₩1,000×40%)	
배부차이 안분		₩250×₩600/₩1,000	₩250×₩400/₩1,000	₩1,250−1,000 과소
(가산)		=₩150	=₩100	=₩250 배부
조정후 제조원가	₩7,500	₩8,250	₩6,750	₩22,500

매출원가=#101과 #102의 제조원가=₩8,250+7,500=₩15,750

매출총이익=₩8,300+10,000−15,750=₩2,550

41 ② [제조간접원가 배부차이의 안분]

제조간접비 예정배부율=예상 총제조간접원가/예상 총배부기준량

=₩1,280,000/4,000시간=₩320

배부차이=예정배부액−실제발생액

=₩320×(495시간+1,485시간+1,980시간)−₩1,170,000

=₩97,200 과대배부

배부차이조정전의 매출원가(단거리)=직접재료원가+직접노무원가+제조간접비

=₩240,000+150,000+(₩320×495시간)=₩548,400

원가요소별 비례배부법은 당기제조간접원가 배부액을 기준으로 배부하나 이 비율이 배부기준인 실제기계시간의 비율과 같으므로 실제기계시간 비율을 사용하는 것이 쉽다.

배부차이 매출원가조정액=₩97,200×495시간/(495시간+1,485시간+1,980시간)

=₩12,150

배부차이조정후의 매출원가=₩548,400−12,150=₩536,250

42 ② [제조간접원가 배부차이의 매출원가조정]

#1 제조간접원가 :	₩60,000
#2 제조간접원가 :	50,000
#3 제조간접원가 :	30,000
	₩140,000
(예정)제조간접원가	₩140,000
(실제)제조간접원가	₩120,000
	₩20,000(유리)

배부차이조정전 #1의 원가 = 기초재공품 + 직접재료원가 + 직접노무원가 + 제조간접원가
= ₩30,000 + 22,000 + 30,000 + 60,000
= ₩142,000

제조간접원가 배부차이를 조정한 후의 매출원가 = ₩142,000 − 20,000 = ₩122,000

주관식

43 [실제원가계산의 당기제품제조원가]

※ 개별원가계산에서 당기에 완성된 작업의 원가는 당기제품제조원가가 되고, 미완성된 작업의 원가는 기말재공품이 된다.

실제제조간접원가 배부율 = ₩30억 ÷ 60,000시간 = ₩50,000/시간

당기제품제조원가 = 유조선제조원가 + 유람선제조원가
= [₩15억 + ₩3억 + 20,000시간 × ₩50,000/시간 + ₩20억]
+ [₩20억 + ₩4억 + 30,000시간 × ₩50,000/시간 + ₩25억]
= ₩48억 + ₩64억
= ₩112억

기말재공품원가 = 화물선제조원가
= ₩8억 + ₩2억 + 10,000시간 × ₩50,000/시간 + ₩5억
= ₩20억

44 [정상원가계산의 종합문제]

1. 조정전 당기제품제조원가와 기말재공품재고

예정 제조간접비 배부율＝₩32억÷80,000시간＝₩40,000/시간

(단위 : 원)

	유조선	유람선	화물선
직접재료원가	15억	20억	8억
직접노무원가	3억	4억	2억
제조간접원가	20,000×₩40,000＝8억	30,000×₩40,000＝12억	10,000×₩40,000＝4억
기초재공품원가	20억	25억	5억
합 계	46억	61억	19억
당기제품제조원가	107억		
기말재공품재고			19억

※ 개별원가계산에서 당기에 완성된 작업의 원가는 당기제품제조원가가 되고, 미완성된 작업의 원가는 기말재공품이 된다.

2. 제조간접원가 배부차이 전액의 매출액 조정

제조간접원가 배부차이＝ 제조간접원가 총배부액 － 실제총제조간접원가

＝₩40,000/시간×60,000시간 － ₩30억

＝－₩6억 (과소배부)

조정후 매출원가＝조정전 매출원가＋배부차이 조정액

＝ ₩107억* ＋ 6억

＝₩113억

* 기초 기말 제품재고가 없으므로 당기제품제조원가와 조정전 매출원가가 같다.

3. 제조간접원가 배부차이의 안분(조정전 잔액 기준)

(단위 : 억원)

	조정전 기말잔액	구성비	배부차이 조정액	조정후 잔액
재 공 품	₩19	0.15	₩0.9	₩19.9
매출원가	107	0.85	5.1	112.1
합 계	₩126	1	₩6	₩132

4. 제조간접원가 배부차이의 안분(당기배부액 기준)

(단위 : 억원)

	제조간접원가 배부액	구성비	배부차이 조정액	조정전 기말잔액	조정후 잔액
재 공 품	₩4	0.17	₩1	₩19	₩20
매출원가	20	0.83	5	107	112
합 계	₩24	1	₩6	₩126	₩132

4 종합원가계산

객관식

01 ② [개별원가계산과 종합원가계산]

개별원가계산에서는 주문을 받은 개별작업별로 소요된 원가를 집계하고 각 작업의 완성여부를 파악하여 완성된 작업의 원가는 당기제품제조원가로, 아직 생산중인 작업에 소요된 원가는 기말재공품원가로 배분하지만, 종합원가계산에서는 각 제조공정별로 제조원가를 집계하고, 일정기간 동안 그 공정에서 생산된 완성품과 미완성된 기말재공품에 제조원가를 배분하여 당기제품제조원가와 기말재공품원가를 산정하는 것이다.

02 ② [종합원가계산의 특징]

개별작업별로 작업지시서는 개별원가계산에서 사용된다.

03 ③ [완성품환산량 단위당 원가]

환산량	재료원가	가공원가
완성량	1,200	1,200
기말재공품	800	400(50%)
환산량 계(A)	2,000개	1,600개
원가(B)	₩1,000,000	₩800,000
환산량 단위당 원가(B/A)	₩500	₩500

04 ② [평균법 완성품환산량]

	물 량	완성품환산량 직접재료원가	완성품환산량 가공원가
완성품	15,000	15,000	15,000
기말재공품	5,000	20,000－15,000＝5,000	18,000－15,000＝3,000
	20,000개	20,000개	18,000개

∴ 기말재공품 완성도＝3,000개÷5,000개＝60%

05 ② [평균법 완성품환산량]

기초제품(25,000개)＋완성수량(X)－기말제품(15,000개)＝판매수량(20,000개)

⇒ 당기완성수량＝10,000개

평균법에 의한 가공원가에 대한 완성품환산량

＝완성수량(10,000개)＋기말재공품환산량(2,500개)＝12,500개

06 ① [평균법]

완성품환산량 단위당 가공원가를 X라 하면,

기말재공품의 원가＝₩220,000＝8,000×0.7×₩20＋8,000×0.75×X

∴ X＝₩18

07 ④ [평균법]

완성품 가공원가＝기초재공품 가공원가＋당기투입 가공원가－기말재공품 가공원가

＝ ₩150,000 ＋ 350,000 － 100,000

＝₩400,000

단위당 가공원가＝$\frac{\text{완성품원가}}{\text{당기완성품수량}}$＝$\frac{₩400,000}{800}$＝₩500

기말재공품 가공원가＝기말재공품수량×단위당 원가×기말재공품의 완성도

₩100,000 ＝ 400 × ₩500 ×기말재공품의 완성도

∴ 기말재공품의 완성도＝50%

08 ③ [평균법]

	물 량	환산량 직접재료원가	환산량 가공비
당기완성	800	800	800
기말재공품(40%)	400	400	160
		1,200	960

환산량 단위당 직접재료원가 =(₩120,000+360,000)/1,200= ₩400

환산량 단위당 전환원가 =(₩40,000+132,800)/960= ₩180

09 ① [평균법과 선입선출법]

선입선출법은 당기완성품환산량의 단위당 원가 계산시 당기발생원가만 고려한다. 그러나 가중평균법은 기초재공품에 포함된 과거의 원가와 당기발생원가 둘 다 고려한다. 그러므로 기초재고가 전혀 없는 경우 선입선출법과 가중평균법의 완성품환산량의 단위당 원가는 동일하다.

10 ③ [제조원가의 흐름과 선입선출법]

먼저 제품 물량의 흐름으로 생산량을 구하고, 재공품계정의 원재료 완성품환산량의 흐름이 물량의 흐름과 같으므로 당기착수량을 구한다. 당기착수량에 대한 원재료 투입량을 사용하여 원재료계정에서 구입량을 구한다.

원재료

기초	4,000kg	투입	182,000kg (=45,500개×4kg)
구입	183,000kg	기말	5,000kg

재공품(원재료 완성품환산량)

기초	1,500개	완성	45,200개
착수	45,500개	기말	1,800개

제 품

기초	1,200개	판매	45,000개
생산	45,200개	기말	1,400개

11 ② [선입선출법 완성품환산량]

	물 량	완성품환산량 직접재료원가	완성품환산량 가공비
기초재공품(20%)	3,000		
당기착수	17,000		
	20,000		
완성품			
기초재공품 완성(80%)	3,000	0	2,400
당기착수 완성	15,000	15,000	15,000
기말재공품(40%)	2,000	2,000	800
	20,000	17,000	18,200

12 ⑤ [평균법과 선입선출법의 완성품환산량]

가중평균법의 완성품환산량－기초재공품의 완성품환산량

＝선입선출법의 완성품환산량

	직접재료원가	전환원가
가중평균법	3,000	2,400
선입선출법	2,000	1,800
기초재공품의 완성품환산량	1,000	600

직접재료는 공정 초기에 투입되므로 기초재공품의 직접재료원가 환산량은 물량과 같고, 전환원가 환산량은 완성도를 반영하므로 완성도는 600/1,000＝60%이다.

13 ① [평균법과 선입선출법의 완성품환산량]

평균법은 기초재공품에 기초까지 이미 작업된 환산량을 포함한 누적완성품환산량을 사용하고, 선입선출법은 당기에 작업한 완성품환산량만 사용하므로, 기초재공품의 완성품환산량만큼 평균법이 크다.

기초재공품 환산량＝600개×60%＝360개

14 ① [평균법과 선입선출법의 완성품환산량]

가중평균법 완성품환산량－선입선출법 완성품환산량

=기초재공품 환산량=200단위×0.3=60단위

〈별 해〉

가중평균법 완성품환산량=1,000단위+500단위×0.4=1,200단위

선입선출법 완성품환산량=1,000단위+500단위×0.4－200단위×0.3=1,140단위

환산량 차이=60단위

15 ③ [평균법과 선입선출법의 완성품환산량]

기초재공품의 완성품환산량=평균법 완성품환산량－선입선출법 완성품환산량

재료원가 : 87,000단위－47,000단위=40,000단위 (완성도 100%)

전환원가 : 35,000단위－25,000단위=10,000단위 (완성도 ?)

전환원가 완성도=10,000단위/40,000단위=25%

16 ⑤ [평균법과 선입선출법의 완성품환산량]

누적완성품환산량 (가중평균법)	108,000
(－)당기작업 완성품환산량 (선입선출법)	87,000
기초재공품 완성품환산량	21,000
(÷)기초재고품수량	70,000
기초재공품 완성도	30%

17 ③ [평균법과 선입선출법의 완성품환산량]

누적완성품환산량 (평균법)	6,800
(－)당기작업 완성품환산량 (선입선출법)	6,000
기초재공품 완성품환산량	800
(÷)기초재고품수량	2,000
기초재공품 완성도	40%

18 ③ [평균법]

	물량(완성도)	환산량	원 가
기초재공품	300		₩3,000
당기착수량/당기투입원가			42,000
계			₩45,000
당기완성품	800	800	
기말재공품	200(50%)	100	
계		900	

환산량 단위당 평균원가＝₩45,000/900＝₩50

기말재공품원가＝100×₩50＝₩5,000

19 ⑤ [평균법]

당기완성품 단위당 원가 ＝ 누적총원가 / 총환산량

₩250 ＝(₩25,000＋15,000＋168,000＋92,000) / (900＋400×R)

900＋400R＝₩300,000/₩250＝1,200

R＝(1,200－900)/400＝0.75

20 ② [선입선출법]

	직접재료원가	가공원가
완성품환산량	60개＋40개＝100개	60개＋40개×50%＝80개
환산량 단가	₩10,000÷100개＝₩100/개	₩24,000÷80개＝₩300/개

기말재공품원가：40개×₩100/개＋20개×₩300/개＝₩10,000

21 ④ [선입선출법]

재공품				직접재료원가	가공비
기초	100개(0.3)	완성	2,000개	2,000	2,000
당기착수	2,100개	기말	200개(0.4)	200	80
		총환산량		2,200	2,080
		기초재고 환산량		(100)	(30)
		당기작업 환산량		2,100개	2,050개
		당기원가		₩630,000	₩205,000
		당기 단위당 원가		300	100

완성품원가 = ₩28,000 + 25,000 + (2,000 − 100)개 × ₩300 + (2,000 − 30)개 × ₩100
= ₩820,000
완성품의 단위당 원가 = ₩820,000/2,000개 = ₩410/개

22 ④ [평균법과 선입선출법]

선입선출법의 완성품환산량 단위당 원가에는 순수한 당기의 원가만 포함되어 있다.

23 ④ [평균법과 선입선출법]

ㄴ. 종합원가계산에서 물량은 환산량보다 항상 크거나 같다.

24 ① [평균법과 선입선출법]

(1) 평균법
당기완성량 = 5,000 + 20,000 − 7,500 = 17,500
기말재공품 환산량 = 7,500 × 20% = 1,500
환산량 단위당 원가 = (₩17,000,000 + 1,050,000)/(17,500 + 1,500)
= ₩18,050,000/19,000 = ₩950
기말재공품 가공원가 = 1,500 × ₩950 = ₩1,425,000

(2) 선입선출법
당기작업 환산량 = 17,500 + 1,500 − 5,000 × 40% = 17,000
기말재공품 가공원가 = 1,500 × ₩17,000,000/17,000 = ₩1,500,000

25 ① [완성도의 수정]

(1) 직접재료원가
완성품환산량 단위당 원가 = ₩75,000/5,000단위 = ₩15/단위

(2) 전환원가
1) 완성도 50%로 계산한 경우
완성품환산량 단위당 원가 = ₩40,000/2,500단위 = ₩16/단위
가공원가 당기발생원가 = (9,000단위 + 2,500단위) × ₩16/단위 = ₩184,000

2) 완성도 20%로 계산한 경우

완성품환산량=9,000단위+(2,500단위÷50%)×20%=10,000단위

완성품환산량 단위당 원가=₩184,000/10,000단위=₩18.4/단위

(3) 월말 재공품원가 및 완성품원가

월말 재공품원가=5,000단위×₩15/단위+1,000단위×₩18.4/단위=₩93,400

완성품원가 : 9,000단위×(₩15+18.4)/단위=₩300,600

26 ⑤ [평균법과 선입선출법]

	물량(완성도)	가공원가 환산량	직접재료원가	가공원가
기초재공품	2,000(60%)	1,200	₩24,000	₩10,000
당기착수량/당기투입원가	10,000		1,500,000	880,000
계	12,000		₩1,524,000	₩890,000
당기완성량	8,000	8,000		
기말재공품	4,000(50%)	2,000		
계		10,000 ①		

[평균법]

직접재료원가 환산량 단위당 평균원가=₩1,524,000/(8,000+4,000)=₩127

가공원가 환산량 단위당 평균원가=₩890,000/(8,000+2,000)=₩89

완성품원가=8,000×(₩127+89)=₩1,728,000 ⑤

기말재공품원가=4,000×₩127+2,000×₩89=₩686,000 ②

[선입선출법]

직접재료원가 환산량 단위당 당기원가=₩1,500,000/(8,000+4,000−2,000)=₩150

가공원가 환산량 단위당 당기원가=₩880,000/(8,000+2,000−1,200)=₩100

완성품원가=₩24,000+₩10,000+(8,000−2,000)×₩150+(8,000−1,200)×₩100

=₩1,614,000 ③

기말재공품원가=4,000×₩150+2,000×₩100=₩800,000

27 ④ [공정별 원가계산]

작업(제품)원가집계표는 개별원가계산에서만 사용된다.

28 ② [공정별 원가계산]

B공정 기말재공품원가＝1,000개×₩500/개＋1,000개×40%×₩200/개＝₩580,000

29 ③ [공정별 원가계산]

당기완성량은 5,800개(＝500＋5,500－200)이며 이 중 500개는 기초재공품이고 나머지 5,300개는 당기착수분이다.

	직접재료비	가공비	
기초재공품 완성	500개(당기에 50% 시점 투입)	500×70%＝	350개
당기착수 완성	5,300개		5,300개
기말재공품	0개(50%에 못 미침)	200×30%＝	60개
완성품환산량	5,800개		5,710개

30 ④ [혼합원가계산]

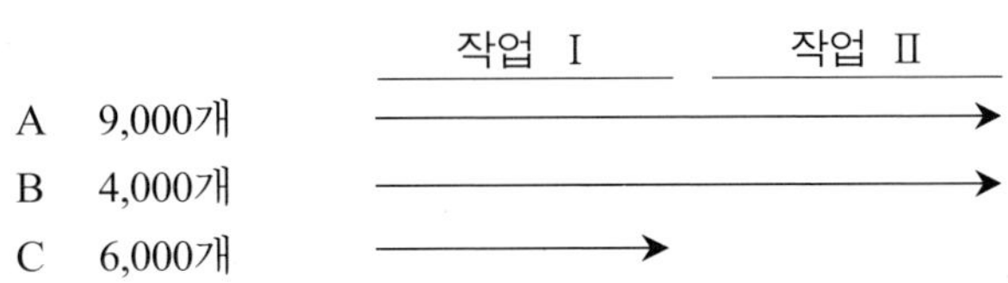

직접재료원가는 제품별로 추적가능하므로 제품별로 집계하나, 가공비는 가공작업별로 파악되고 제품간에 공통적으로 발생하는 간접원가이므로 공정별로 계산한다(직접노무비라는 명칭이 부적절하다).

B제품의 직접재료원가 단위당 원가＝₩1,320,000 / 4,000개＝₩330/개

가공비 단위당 원가

작업 Ⅰ＝(₩500,000＋70,000) / (9,000＋4,000＋6,000)＝₩30/개

작업 Ⅱ＝(₩1,000,000＋300,000) / (9,000＋4,000)＝₩100/개

B제품의 단위당 제조원가＝직접재료원가＋작업 Ⅰ 가공비＋작업 Ⅱ 가공비

＝ ₩330 ＋ 30 ＋ 100

＝ ₩460/개

31 ④ [혼합원가계산]

가공원가는 종합원가계산을 사용한다.

	주문번호	수량(물량)	가공원가 완성품환산량	가공원가 완성도
기초재공품	#101	200	160	80%
당기착수량	#105, 206, 207	450		
소계		650		
당기완성품	#101, 206	300	300	100%
기말재공품	#105	200	100	50%
	#207	150	90	60%
	계	350	190	
소계		650	490	
선입선출법			330=490−160	

가공원가의 완성품환산량 단위당 당기원가=₩4,092,000/330단위=₩12,400

		#101	#206
기초재공품원가	직접재료원가	₩1,500,000	
	가공원가	₩960,000	
당기발생원가	직접재료원가	₩500,000	₩3,200,000
	가공원가	₩12,400×40	₩12,400×100
합계		₩3,456,000	₩4,440,000

4월 완성품원가 합계=₩3,456,000+4,440,000=₩7,896,000

32 ① [선입선출법에 의한 공정별 원가계산]

정상공손수량=[2,000개(기초재공품)+6,000개(당기착수완성량)]×10%=800개

	물량(완성도)		완성품환산량: 직접재료원가	완성품환산량: 가공비
완성품	8,000		8,000−2,000=6,000	8,000−2,000×0.7=6,600
정상공손품	800(0.8)		800	640
비정상공손품	200(0.8)		200	160
기말재공품	3,000(0.4)		3,000	1,200
		당기작업량	10,000	8,600
		당기원가	₩2,000,000	₩860,000
		단위원가	₩200	₩100

33 ④ [선입선출법에 의한 공정별 원가계산]

완성품원가＝(6,000＋800)× ₩200＋(6,600＋640)× ₩100＋ ₩70,000＋86,000

＝ ₩2,240,000

완성품 단위당 원가＝ ₩2,240,000÷8,000개＝ ₩280

5 결합원가계산

객관식

01 ④ [각 계산방법의 비교]

순실현가치법의 경우 추가가공원가의 금액에 따라 매출총이익률이 달라질 수 있다.

02 ① [분리점판매가치법]

- 판매가치

A : 500단위 × ₩200 = ₩100,000

B : 400단위 × ₩150 = 60,000

₩160,000

A : x × (₩100,000/₩160,000) = ₩20,000

⇒ x = ₩32,000

03 ③ [순실현가치법]

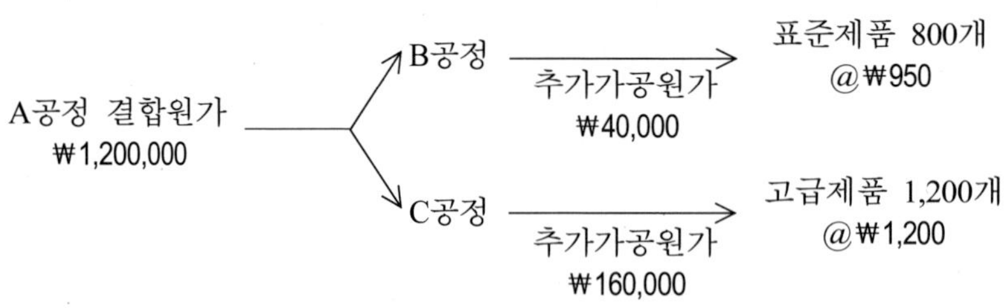

순실현가치	계 산		비 율
표준제품	800 × ₩950 − ₩40,000 =	₩720,000	36%
고급제품	1,200 × ₩1,200 − ₩160,000 =	1,280,000	64%
계		₩2,000,000	100%

고급제품 제조원가 ₩1,200,000 × 64% + ₩160,000 = ₩928,000

04 ⑤ [순실현가치법]

제 품	순실현가치	결합원가배부액
A	4개 × ₩40 = ₩160	
B	6개 × ₩80 = ₩480	$T \times \frac{₩480}{₩640}$ = ₩750
계	₩640	T = 1,000

05 ② [순실현가치법]

제품 B의 판매가치, 순실현가치, 결합원가배부액의 순서로 구한 후 제품 A의 결합원가배부액, 순실현가치, 판매가치 순서로 구한다. 마지막으로 매출총이익과 매출총이익률을 구한다.

제 품	판매가치	− 추가비용	= 순실현가치	배분비율	결합원가배부액	총원가	매출총이익(%)
A	₩7,000 + 18,000 = ₩25,000	₩7,000	₩4,500 × 4 = ₩18,000	80%	₩15,000 − 3,000 = ₩12,000		₩18,000 − 12,000 = ₩6,000(24%)
B	₩6,000 ÷ 0.8 = ₩7,500	3,000	4,500	20%	₩6,000 − 3,000 = ₩3,000	6,000	
합계	₩32,500	₩10,000	₩22,500	100%	₩15,000		

06 ② [순실현가치법]

	제품 A	제품 B	계
순실현가치	(₩400 − 100) × 2,000단위 = ₩600,000	(₩160 − 80) × 5,000단위 = ₩400,000	
비율	60%	40%	
(−)결합원가	₩350,000 × 60% = ₩210,000	₩350,000 × 40% = ₩140,000	₩350,000
매출총이익	₩390,000	₩260,000	

07 ⑤ [순실현가치법]

①~⑩ 순으로 계산한다.

	제품 A	제품 B	계
추가원가	₩40	₩60	
결합원가	₩30 ①	₩90 ②	₩120
NRV 비율	₩30/₩120=0.25 ④	₩90/₩120=0.75 ⑤	
총제조원가	₩70	₩150 ③	
매출총이익률	30%	1-₩150/₩240=0.375 ⑩	
판매가	₩70/(1-0.3)=₩100 ⑥	₩180+60=₩240 ⑨	
NRV	₩100-40=₩60 ⑦	₩60×(0.75/0.25)=₩180 ⑧	

08 ② [순실현가치법과 종합원가계산 혼합]

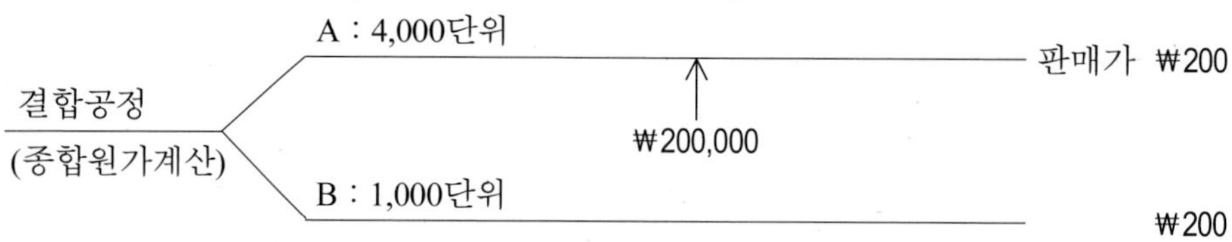

[결합원가계산]

	물 량		환산량: 직접재료원가	환산량: 전환원가
완성품	4,000		4,000	4,000
기말재공품	1,000(1)(0.3)		1,000	300
		계	5,000	4,300
		단위당 원가 :	$\frac{₩250,000}{5,000}$ = ₩50	$\frac{₩129,000}{4,300}$ = ₩30

결합원가=완성품원가=4,000×(₩50+30)=₩320,000

[결합원가배부]

제 품	NRV		결합원가배부액
A	4,000×₩200-₩200,000=	₩600,000	₩320,000× $\frac{6}{8}$ =₩240,000
B	1,000×₩200=	200,000	
		₩800,000	

$$\text{제품 A의 단위당 제조원가} = \frac{₩240,000 + 200,000}{4,000\text{단위}} = ₩110$$

09 ④ [균등이익률법]

제품 A 매출원가＝300단위 × ₩30 × (1－0.3)＝₩6,300

제품 A 결합원가배부액＝₩6,300－2,100(추가가공원가)＝₩4,200

10 ④ [균등이익률법]

전체 원가율을 구한 후 각 제품의 총원가, 결합원가 순으로 구한다.

	판매가치	추가가공원가	결합원가	총원가	원가율
제품 A	₩100	₩50	₩75－50＝₩25	₩100×75%＝₩75	75%
제품 B	300	50	₩225－50＝₩175	₩300×75%＝₩225	75%
전 체	₩400	₩100	₩200	₩300	75%(＝₩300/₩400)

11 ③ [순실현가치법 : 분리점 2개]

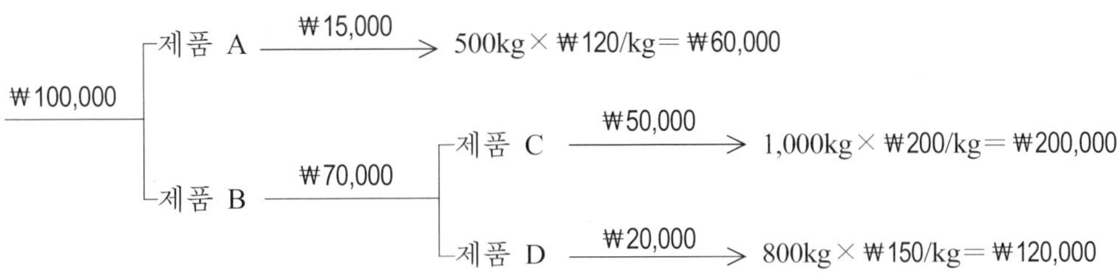

〈1차 배부〉

	순실현가능가치		배부비율	배부액
제품 A	₩60,000－15,000＝	₩45,000	20%	₩20,000
제품 B	₩250,000*－70,000＝	180,000	80%	80,000
합계		₩225,000	100%	₩100,000

* 제품 C와 제품 D의 순실현가능가치 계

〈2차 배부〉

	순실현가능가치		배부비율	배부액
제품 C	₩200,000－50,000＝	₩150,000	60%	₩90,000
제품 D	₩120,000－20,000＝	100,000	40%	60,000
합계		₩250,000	100%	₩150,000
				＝₩70,000＋80,000

제품 D의 총제조원가＝배부된 결합원가＋개별원가

＝ ₩60,000 ＋ 20,000 ＝₩80,000

12 ② [균등이익률법]

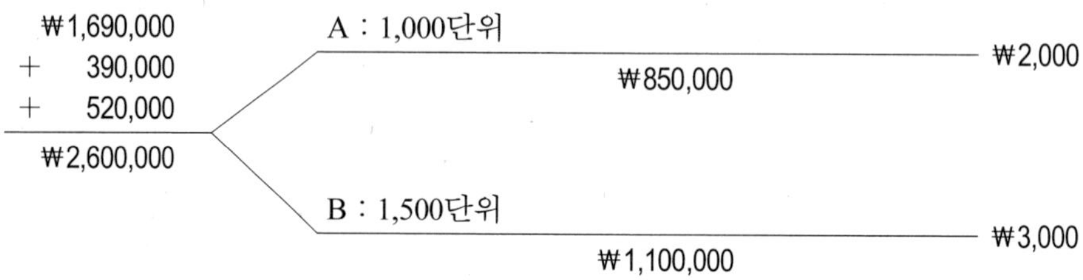

기업전체 매출원가율＝$\dfrac{₩2,600,000＋850,000＋1,100,000}{1,000단위 × ₩2,000＋1,500단위 × ₩3,000}$＝70%

제품	최종판매가치	×	매출원가율	＝	매출원가(총제조원가)	－	추가가공원가	＝	결합원가배부액
A	₩2,000,000		70%		₩1,400,000		₩850,000		₩550,000

13 ② [균등이익률법]

회사 전체의 매출원가율

＝(₩350,000＋30,000＋20,000)÷(6,000단위 × ₩50＋10,000단위 × ₩20)＝80%

제품 X 결합원가배부＝6,000단위 × ₩50 × 80%－₩30,000＝₩210,000

제품 Y 결합원가배부＝₩350,000(총결합원가)－₩210,000(제품 X 배부액)＝₩140,000

또는 10,000단위 × ₩20 × 80%－₩20,000＝₩140,000

14 ④ [추가가공 의사결정]

추가가공하면

제 품	증분수익	추가가공원가	증분이익	
A	3,000단위×(₩23－20)＝ ₩9,000	₩10,000	(₩1,000)	불리
B	2,000단위×(₩40－30)＝₩20,000	₩15,000	₩5,000	유리
C	2,000단위×(₩50－40)＝₩20,000	₩15,000	₩5,000	유리

15 ⑤ [추가가공 의사결정]

추가가공 전후의 순실현가치

제품 A : 전 1,500개×₩10 ＝₩15,000

후 1,500개×₩12－₩5,000 ＝₩13,000 (불리)

제품 B : 전 1,000개×₩15 ＝₩15,000

후 1,000개×₩20－₩4,000 ＝₩16,000 (유리)

제품 C : 전 1,000개×₩20 ＝₩20,000

후 1,000개×₩35－₩10,000 ＝₩25,000 (유리)

16 ③ [추가가공 의사결정]

1) 추가가공 결정

연산품	생산량	가공 후 판매가격	분리점 판매가격	증분 판매가격	증분수익	추가 가공원가	증분이익	추가가공
X	150단위	₩220	₩200	₩20	₩3,000	₩3,500	(₩500)	×
Y	200단위	150	100	50	10,000	5,000	5,000	○
Z	100단위	600	500	100	10,000	7,500	2,500	○

2) 결합원가와 최적 총원가 계산

연산품	생산량	분리점판매가격	분리점판매가치	결합원가배부	추가가공원가	총원가
X	150단위	₩200	₩30,000	₩15,000	₩0	
Y	200단위	100	20,000		5,000	
Z	100단위	500	50,000		7,500	
			₩100,000	₩50,000	₩12,500	₩62,500

3) 최대 매출총이익 계산

연산품	생산량	판매가격	판매가치	총원가	매출총이익
X	150단위	₩200	₩30,000		
Y	200단위	150	30,000		
Z	100단위	600	60,000		
			₩120,000	₩62,500	₩57,500

17 ③ [균등이익률법과 추가가공 의사결정]

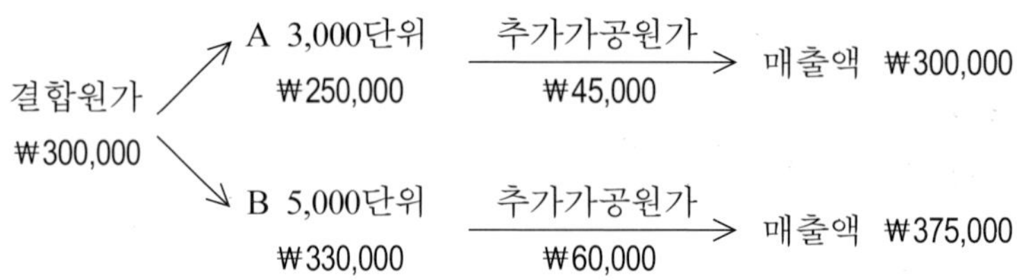

⑤ B의 추가가공 증분수익 ₩375,000－330,000＝₩45,000보다 추가가공원가 ₩60,000이 ₩15,000만큼 더 크다.

① 회사 전체의 매출총이익＝₩300,000＋375,000－300,000－45,000－60,000＝₩270,000

② 회사 전체의 매출총이익률＝₩270,000/₩675,000＝40%

제 품	매출액(1)	매출총이익 (2)＝(1)×0.4	총원가 (3)＝(1)－(2)	추가 가공원가(4)	④ 결합원가 배부액 (3)－(4)	③ 단위당 원가 (3)/생산량
A	₩300,000	₩120,000	₩180,000	₩45,000	₩135,000	₩180,000/3,000＝₩60
B	375,000	150,000	225,000	60,000	165,000	₩225,000/5,000＝₩45
합계	₩675,000	₩270,000	₩405,000	₩105,000	₩300,000	

18 ③ [부산물회계]

제 품	최종판매가치	－	추가가공원가	＝	순실현가치
A	₩70,000		₩10,000	＝	₩60,000
B	₩55,000		₩15,000	＝	₩40,000
C	₩6,000		₩2,000	＝	₩4,000

주산품에 배부될 결합원가＝₩54,000－4,000＝₩50,000

주산품 A에 배부될 결합원가＝₩50,000×₩60,000/(₩60,000＋40,000)＝₩30,000

19 ① [부산물회계]

순실현가치

A : 200단위 × ₩40 − ₩2,000 = ₩6,000

B : 250단위 × ₩20 − ₩1,000 = ₩4,000

S : 100단위 × ₩15 − ₩500 = ₩1,000

제 품	순실현가치	결합원가	추가가공원가	총원가	단위당 원가
A	₩6,000(60%)	₩5,100			
B	4,000(40%)	3,400	₩1,000	₩4,400	₩4,400/250 = ₩17.6
합계	₩10,000	₩9,500 − 1,000 = ₩8,500			

제품 B의 당기매출총이익 = 200 × (₩20 − 17.6) = ₩480

20 ② [부산물회계]

제 품	최종판매가치 −	추가가공원가	= 순실현가치	결합원가 배분액	총제조원가
A	₩20,000	₩0	₩20,000		
B ⇒ C	280 × ₩150 = ₩42,000	(₩12,400 − 20 × ₩20) = ₩12,000	30,000	₩24,000	₩12,000 + 24,000 = ₩36,000
합계			₩50,000	₩40,000	

6 부문별 원가계산

객관식

01 ④ [보조부문원가 배부방법]

① 보조부문의 활동은 제조부문의 제품생산활동을 보조하기 위한 것이기 때문에, 보조부문원가도 제조간접원가에 포함된다.
② 단계배부법은 배부순서에 따라 보조부문 상호간의 용역수수관계를 일부만 고려하므로 배부금액이 달라진다.
③ 상호배부법은 보조부문 상호간의 용역수수관계를 완전히 고려하므로 보조부문 상호간의 용역수수관계가 중요할 때 적용하는 것이 좋다.

02 ① [보조부문원가 배부방법]

단계배부법은 보조부문간의 서비스 제공을 단계적으로 한 방향만 고려하는 방법이므로 배부순서가 달라지면 제조부문에 배부되는 금액이 달라진다.

03 ③ [보조부문원가 배부방법]

① 부문별 제조간접원가 배부율을 사용하는 경우에는 보조부문원가 배분방법에 의해 제조간접원가 배부율이 영향을 받는다.
② 이중배부율법은 고정원가는 최대사용가능량을 기준으로 배분하고 변동원가는 서비스의 실제사용량을 기준으로 배분한다.
④ 단계배부법에서는 배분순서에 따라 배분후의 결과가 달라진다.

04 ③ [직접배부법]

P_1 배부액 = ₩140,000 × 40/70 + S_1 × 20/60 = ₩120,000

S_1 = (₩120,000 − 80,000) × 3 = ₩120,000

05 ⑤ [직접배부법]

수선부문원가 배부액 : ₩250,000×[60시간÷(60시간+20시간)]= ₩187,500
동력부문원가 배부액 : ₩170,000×[350kWh÷(350kWh+450kWh)]= 74,375
₩261,875

06 ② [단계배부법]

P_1의 자체발생원가 : ₩200,000
S_1이 P_1에 배부하는 원가 : ₩100,000×20%= 20,000
S_2가 P_1에 배부하는 원가 : (₩50,000+₩100,000×50%)×40%/80%= 50,000
₩270,000

07 ④ [단계배부법]

	수선부	전력부	A공정
수선부	(₩20,000)	₩20,000×4,000/10,000=₩8,000	₩20,000×4,000/10,000=₩8,000
전력부		(₩12,000+8,000)	₩20,000×4,000/8,000=₩10,000
계			₩18,000

08 ① [단계배부법]

1) 보조부문 → 생산부문 배부

구 분	제1공장	제2공장	수선부	동력부	생산관리부
배부전 원가	₩3,800,000	₩3,200,000	₩1,100,000	₩900,000	₩2,000,000
생산관리부	₩800,000	₩800,000	₩300,000	₩100,000	(₩2,000,000)
	40%	40%	15%	5%	
동력부	₩500,000	₩400,000	₩100,000	(₩1,000,000)	
	50%	40%	10%	—	
수선부	₩900,000	₩600,000	(₩1,500,000)		
	60%	40%	—		
배부후 원가	₩6,000,000	₩5,000,000			

2) 생산부문 → 작업 배부

구 분	화물선	유조선	군 함	합 계
제1공장	800시간(40%)	500시간	700시간	2,000시간
	₩2,400,000			₩6,000,000
제2공장	400시간(40%)	300시간	300시간	1,000시간
	₩2,000,000			₩5,000,000
합 계	₩4,400,000			

09 ③ [단계배부법]

	A	B	X
부문개별원가	₩12,000	₩26,000	₩30,000
부문공통원가*	200kWh × ₩40/kWh = ₩8,000	100 × ₩40 = ₩4,000	300 × ₩40 = ₩12,000
B부문비 배부	₩30,000 × 30% = ₩9,000	(₩30,000)	₩30,000 × 40% = ₩12,000
A부문비 배부	(₩29,000)		$₩29,000 \times \frac{60}{80} = ₩21,750$
배부후 원가	0	0	₩75,750

* 부문공통원가 배부율 = ₩40,000/1,000kWh = ₩40/kWh

10 ③ [단계배부법]

$S_2 \rightarrow P_2$: $₩120,000 \times \frac{200}{800} = ₩30,000$

$S_1 \rightarrow P_2$: $\left(₩100,000 + ₩120,000 \times \frac{200}{800}\right) \times \frac{40}{64} = ₩81,250$

P_2에 배부될 보조부문원가 = ₩30,000 + 81,250 = ₩111,250

11 ④ [단계배부법]

1) 부문직접원가를 기준으로 배부시

생산부문 A에 배부된 금액 = 900만원 × 500만원/900만원 = 500만원

2) 단계배부법 적용시(보조부문 C부터 배부)

	C	D	A	B
배부전 원가	300만원	600만원	500만원	400만원
C	(300만원)	30만원	120만원	150만원
D	–	(630만원)	210만원	420만원
배부후 원가	–	–	830만원	970만원

생산부문 A에 배부된 금액＝330만원

⇒ 170만원 감소

12 ② [단계배부법]

(가) 제조부문에 배부되지 않은 보조부문원가(＝보조부문에 배부된 타보조부문원가) :

₩1,500＋1,000＋2,500＝₩5,000

(나) 수정 후 각 제조부문의 제조간접비 : M_1＝₩26,500＋₩5,000×0.5＝₩29,000

M_2＝₩33,500＋₩5,000×0.5＝₩36,000

13 ② [상호배부법]

부 문	S_1	S_2	X
발생원가	₩90	₩180	₩158
S_1 용역제공		0.5	0.3
S_2 용역제공	0.2		R＝?
배부후 원가			₩275
배부원가			₩275－158＝₩117

S_1, S_2 부문의 상호배부 후 원가를 S_1, S_2로 하면,

S_1＝₩90＋0.2×S_2

S_2＝₩180＋0.5×S_1

＝₩180＋0.5(₩90＋0.2S_2)

⇒ 0.9S_2＝₩225

⇒ S_2＝₩250, S_1＝₩90＋0.2×₩250＝₩140

X 배부원가＝0.3×₩140＋R×₩250＝₩117

⇒ R＝0.3

14 ③ [상호배부법]

	수선부문	동력부문	조립부문	포장부문
배부전 원가	₩40,000	₩35,000	₩150,000	₩100,000
수선부문원가배부	(A)	0.3A	0.4A	0.3A
동력부문원가배부	0.2B	(B)	0.4B	0.4B
배부후 원가	0	0	₩150,000 + 0.4(₩50,000 + 50,000) = ₩190,000	₩140,000

A = ₩40,000 + 0.2B

B = ₩35,000 + 0.3A

⇒ A = ₩50,000

B = ₩50,000

15 ④ [상호배부법]

원가배부

	보조부문		제조부문	
	수 선	동 력	도 색	조 립
부문직접비	C	D		
수선	A=C+0.2B	0.2A	0.5A	0.3A
동력	0.2B	B=D+0.2A	0.4B	0.4B
계			₩100,000	₩80,000

0.5A + 0.4B = ₩100,000, 0.3A + 0.4B = ₩80,000

⇒ A = ₩100,000, B = ₩125,000

C = A − 0.2B = ₩75,000 D = B − 0.2A = ₩105,000

16 ⑤ [상호배부법]

S_1 = ₩10,800 + 160/(900 − 100)S_2

S_2 = ₩6,000 + 20/(120 − 20)S_1

⇒ S_1 = ₩12,500 S_2 = ₩8,500

배부후 P_2 부문원가 합 = ₩40,200 + ₩12,500 × 50/100 + ₩8,500 × 320/800 = ₩49,850

17 ② [상호배부법]

M(수선부문 총원가)= ₩300,000+0.4P

P(동력부문 총원가)= ₩200,000+0.5M

M= ₩475,000, P= ₩437,500

배부원가	보조부문		가공부문		합 계
	수 선	동 력	도 색	조 립	
배부전 원가	₩300,000	₩200,000			₩500,000
수선	(475,000)	237,500	₩142,500	₩95,000	0
동력	175,000	(437,500)	87,500	175,000	0
배부후 원가	₩0	₩0	₩230,000	₩270,000	₩500,000

$$\text{제품 B에 배부되는 보조부문원가} = ₩230{,}000 \times \frac{13\text{회}}{23\text{회}} + ₩270{,}000 \times \frac{100\text{시간}}{300\text{시간}}$$

$$= ₩220{,}000$$

18 ② [상호배부법]

	P_1	P_2	P_3	S_1	S_2
배부전				X	Y
S_1	$0.4S_1$	$0.2S_1$	$0.2S_1$	(S_1)	$0.2S_1$
S_2	$0.3S_2$	$0.3S_2$	$0.3S_2$	$0.1S_2$	(S_2)
배부후	₩150,000	₩120,000	₩120,000	₩0	₩0

보조부문에서 배부하는 금액을 S_1, S_2라고 하면

P_1에 배부된 금액 : $0.4S_1+0.3S_2$= ₩150,000

P_2에 배부된 금액 : $0.2S_1+0.3S_2$= ₩120,000

⇒ S_1= ₩150,000, S_2= ₩300,000

S_1에 집계된 원가를 X라고 하고 S_2에 집계된 원가를 Y라고 하면

$S_1=X+0.1S_2$ ⇒ X= ₩150,000− ₩300,000×0.1= ₩120,000

$S_2=X+0.2S_1$ ⇒ Y= ₩300,000− ₩150,000×0.2= ₩270,000

19 ② [직접배부법−이중배부율법]

이중배부율법에서는 변동원가는 실제사용량, 고정원가는 최대사용가능량을 기준으

로 배부한다.

절단부로의 배부액＝₩50,000(변동원가)×3/5＋₩100,000(고정원가)×5/10＝₩80,000

조립부로의 배부액＝₩50,000(변동원가)×2/5＋₩100,000(고정원가)×5/10＝₩70,000

20 ② [직접배부법－이중배부율법]

변동원가 배부금액＝₩100,000×300kW/1,000kW＝	₩30,000
고정원가 배부금액＝₩225,000×500kW/1,500kW＝	75,000
	₩105,000

주관식

21 [각 방법의 비교]

지원부문은 구매부와 시설관리부이고 생산부문은 절삭부와 조립부이다.

1. 직접배부법

구매부의 원가배부

절삭부 : 6억원×15/(15＋9)＝	3.75억원
조립부 : 6억원×9/(15＋9)＝	2.25억원
합 계 :	6억원

시설관리부의 원가배부

절삭부 : 5억원×200/(200＋250)＝	2.22억원
조립부 : 5억원×250/(200＋250)＝	2.78억원
합 계 :	5억원

절삭부와 조립부의 배부되는 원가의 합계

절삭부 : 3.75억원＋2.22억원＝	5.97억원
조립부 : 2.25억원＋2.78억원＝	5.03억원
합 계 :	11억원

〈검산〉 구매부와 시설관리부의 발생원가의 합인 11억원과 일치한다.

2. 단계배부법

먼저 구매부의 원가배부

시설관리부	: 6억원×6/30=	1.2억원
절삭부	: 6억원×15/30=	3억원
조립부	: 6억원×9/30=	1.8억원
합 계	:	6억원

다음 시설관리부 원가를 생산부문에 배부

절삭부 : (5억원+1.2억원)×200/(200+250)=	2.76억원
조립부 : 6.2억원×250/(200+250)=	3.44억원
합 계 :	6.2억원

절삭부와 조립부의 배부되는 원가의 합계

절삭부 : 3억원+2.76억원=	5.76억원
조립부 : 1.8억원+3.44억원=	5.24억원
합 계 :	11억원

3. 상호배부법

구매부의 상호배부후 총원가를 A, 시설관리부의 총원가를 B라 하면 다음과 같은 관계가 성립한다.

A=6억원+0.1B ………………… 식 (1)

B=5억원+0.2A ………………… 식 (2)

이를 풀기 위해 식 (1)을 식 (2)에 대입하면

B=5억원+0.2(6억원+0.1B)=6.2억원+0.02B

0.98B=6.2억원

∴ B=6.33억원

B를 식(1)에 대입하여 A를 구하면

A=6억원+0.1×6.33억원=6.63억원

구매부의 총원가 6.63억원과 시설관리부 총원가 6.33억원을 절삭부와 조립부에 배부하면 다음과 같다.

절삭부 : 0.5A+0.4B=	5.85억원
조립부 : 0.3A+0.5B=	5.15억원
합 계 :	11억원

7 활동기준원가계산

객관식

01 ② [활동기준원가계산의 특징]

활동기준원가계산은 배치수준원가와 제품수준원가를 반영하므로, 전통적 방법보다 소량생산 제품원가가 높아지고 대량생산 제품원가가 낮아지는 것이 일반적이다.

02 ③ [활동기준원가계산의 특징]

활동기준원가계산은 판매관리비에도 적용되어 경영자의 다양한 의사결정에 이용할 수 있다.

03 ② [활동기준원가계산의 특징]

기존의 원가시스템이 확립된 후에 제조하는 제품의 종류가 크게 증가하고 있는 경우에 효익이 크다.

04 ④ [개별원가계산, 종합원가계산, 활동기준원가계산]

실제 발생한 제조간접원가를 제조간접원가 실제배부율을 이용하여 작업별로 배부한다.

05 ③ [활동기준원가계산의 절차]

〈보기〉 중에서는 ③번이 가장 옳으나 좀더 옳은 순서는 활동분석 – 활동별 원가동인의 결정 – 각 활동별로 제조간접원가를 집계 – 제조간접원가 배부율의 결정 – 원가대상별 원가계산이다.

06 ③ [활동기준원가계산의 개념과 기본문제]

① 옳은 설명이다.

② 제품설계활동별 배부율 = ₩400 ÷ 4개 = ₩100

생산준비활동별 배부율 = ₩600 ÷ 6회 = ₩100

제품 A에 배부되는 제조간접비 = 2개 × ₩100 + 1회 × ₩100 = ₩300

제품 B에 배부되는 제조간접비 = 2개 × ₩100 + 5회 × ₩100 = ₩700

③ 다품종 소량생산을 할 때 활동기준원가계산제도를 도입할 실익이 존재한다.

④ 옳은 설명이다.

07 ② [활동기준원가계산 기본문제]

매출액 = 100개 × ₩700 = ₩70,000

매출원가(총제조원가) = ₩70,000 − ₩20,000(매출총이익) = ₩50,000

제조간접원가 = ₩50,000 − ₩30,000(DM) − ₩10,000(DL) = ₩10,000

생산준비원가 = ₩10,000 − 500시간 × ₩15/시간 − 200시간 × ₩10/시간 = ₩500

생산준비횟수 = ₩500 ÷ ₩50/회 = 10회

08 ② [활동기준원가계산 기본문제]

활 동	제품 A	제품 B
자재주문	₩55 × 20/55 = ₩20	₩55 × 35/55 = ₩35
품질검사	₩84 × 10/28 = ₩30	₩84 × 18/28 = ₩54
기계수리	₩180 × 80/180 = ₩80	₩180 × 100/180 = ₩100
계	₩130	₩189

09 ② [활동기준원가계산 기본문제]

	활 동				
	재료이동	성 형	도 색	조 립	계
활동원가	₩4,000,000	₩3,000,000	₩1,500,000	₩1,000,000	
동인수량	1,000	15,000	7,500	2,000	
동인당 배부율	₩4,000	₩200	₩200	₩500	
활동사용량	80	1,000	300	H	
활동원가 배부	₩320,000	₩200,000	₩60,000	₩500H = ₩250,000	₩830,000

기계작업시간 H = 500

10 ① [활동기준원가계산 기본문제]

	활 동				
	생산준비	재료처리	기계작업	품질관리	계
활동원가	₩200,000	₩300,000	₩500,000	₩400,000	
원가동인	1,250	1,000	50,000	10,000	
배부율	₩160	₩300	₩10	₩40	
작업 #203 동인량	60	50	4,500	500	
활동원가 배부	₩9,600	₩15,000	₩45,000	₩20,000	₩89,600

작업 #203의 기본(기초)원가 = ₩300,000 − 89,600 = ₩210,400

11 ③ [활동기준원가계산 기본문제]

활 동	중급자용 스키 배부액	
절 단	₩70,000 × 250/700 =	₩25,000
성 형	₩180,000 × 300/900 =	60,000
도 색	₩225,000 × 600/1,500 =	90,000
조 립	₩208,000 − 25,000 − 60,000 − 90,000 =	33,000
합 계		₩208,000

기계작업시간을 H라 하면

₩33,000 = ₩88,000 × H/(100 + H + 150) ⇒ H = 150

12 ⑤ [활동기준원가계산 기본문제]

매출액	₩1,000×250개=		₩250,000
매출원가			
직접재료원가	₩150×250개=	₩37,500	
직접노무원가	₩450×250개=	112,500	
제조간접원가			
조립작업	400시간×₩500,000/25,000시간=	8,000	
주문처리	80회×₩75,000/1,500회=	4,000	
검사작업	100시간×₩30,000/1,000시간=	3,000	
매출원가 계			165,000
매출총이익			₩85,000

13 ② [2단계 활동기준원가계산]

[판매관리비 활동별 집계와 배부율]

	고객주문처리	고객관계관리
급 여	₩800,000	₩1,200,000
기 타	200,000	800,000
금액 계	1,000,000	2,000,000
(÷)활동량	2,000회	100명
배부율	₩500/회	₩20,000/명

[홍길동 원가집계]

총매출액	30×₩25,000=	₩750,000	
매출원가	₩750,000×60%=	450,000	
매출총이익			₩300,000
판매관리비			
고객주문처리비	₩500×30=	₩15,000	
고객관계관리		20,000	35,000
영업이익			₩265,000

14 ① [2단계 활동기준원가계산]

1단계 배부 : 자원 ⇒ 활동

활 동	급 여	마케팅비	계
주문처리	₩250,000×0.2=₩50,000	₩160,000×0.1=₩16,000	₩66,000
고객지원	₩250,000×0.7=₩175,000	₩160,000×0.8=₩128,000	303,000

2단계 배부 : 활동 ⇒ 고객

주문처리 : ₩66,000×6/4,000= ₩99
고객지원 : ₩303,000/40= 7,575
계 ₩7,674

15 ② [2단계 활동기준원가계산]

1단계 배부 : 자원(원가항목) ⇒ 활동

활 동	급 여	판매비	계
고객주문처리	₩1,200,000×0.2=₩240,000	₩800,000×0.4=₩320,000	₩560,000
고객관계관리	₩1,200,000×0.8=₩960,000	₩800,000×0.6=₩480,000	1,440,000

2단계 배부 : 활동 ⇒ 고객 (주)대한

고객주문처리 : ₩560,000×20/500= ₩22,400
고객관계관리 : ₩1,440,000/50= 28,800
판매관리비 계 ₩51,200

영업이익= 매출액－매출원가 －판매관리비
=₩20,000/회×20회×(1－0.75)－ ₩51,200 =₩48,800

16 ① [전통적 방법과 활동기준원가계산의 비교]

이전 방법 컨설팅 일반관리비=₩270,000×0.45=₩121,500
활동기준원가계산을 이용한 컨설팅 일반관리비
=(₩200,000×0.35)+(₩50,000×0.3)+(₩20,000×0.2)=₩89,000
⇒ ₩121,500－89,000=₩32,500

17 ④ [전통적 방법과 활동기준원가계산의 비교]

현재의 방법은 직접구입원가(=구입량×단위당 구입원가)를 배부기준으로 사용하면 원목옷장은 20,000×₩500=₩10,000,000이고 자개옷장은 1,000×₩2,500=₩2,500,000으로 원목옷장이 자개옷장의 4배이다. 새로운 방법에서는 입고처리시간(=입고횟수×입고횟수당 처리시간)을 배부기준으로 사용한다. 이 수치는 원목옷장이 12×5=60이고, 자개옷장이 12×3=36이므로 원목옷장이 자개옷장의 약 1.7배이다. 따라서 새로운 방법에서 원목옷장의 원가가 낮아진다.

18 ⑤ [전통적 방법과 활동기준원가계산의 비교]

엔지니어링 변경원가=(14+6)×₩600=₩12,000

기계시간당 엔지니어링 변경원가=₩12,000÷(1,000×1+1,000×2)시간=₩4/시간

X제품			
기계시간기준 배부액	1,000×1×₩4=	₩4,000	
엔지니어링 변경횟수기준 배부액	₩600×14=	₩8,400	
배부차이		₩4,400	과소배부

19 ④ [고객수익성 분석]

	고객 A		고객 B		비 고
매출액		₩1,400		₩750	
재료원가		700		375	매출액의 1/2
정규주문처리	25건×₩5/건=	125	8건×₩5/건=	40	
긴급주문처리	10건×₩15/건=	150	8건×₩15/건=	120	
특별서비스처리	4건×₩50/건=	200	7건×₩50/건=	350	
고객관리비용		100		100	
이익		₩125		(₩235)	

주관식

20 [전통적 방법과 활동기준원가계산의 비교]

1.

			햄
매출			₩7,000,000
원가	직접재료원가		3,000,000
	직접노무원가		2,000,000
	제조간접비	₩5,000,000×0.3=	1,500,000
이익			₩500,000

2.

			냉동식품
매출			₩5,500,000
원가	직접재료원가		2,600,000
	직접노무원가		1,900,000
	제조간접비	₩4,500,000×0.3=	1,350,000
이익			(₩350,000)

3.

			햄
매출			₩7,000,000
원가	직접재료원가		3,000,000
	직접노무원가		2,000,000
	주문	₩10,000×30회=	300,000
	배달과 접수	₩7,000×95회=	665,000
	선반진열	₩3,000×120시간=	360,000
	고객지원	₩40×15,500항목=	620,000
이익			₩55,000

4.

			냉동식품
매출			₩5,500,000
원가	직접재료원가		2,600,000
	직접노무원가		1,900,000
	주문	₩10,000×14회=	140,000
	배달과 접수	₩7,000×25회=	175,000
	선반진열	₩3,000×90시간=	270,000
	고객지원	₩40×8,000항목=	320,000
이익			₩95,000

8 원가의 변동성과 원가추정

객관식

01 ② [원가의 행태]

수도요금의 원가형태는 다음과 같다.

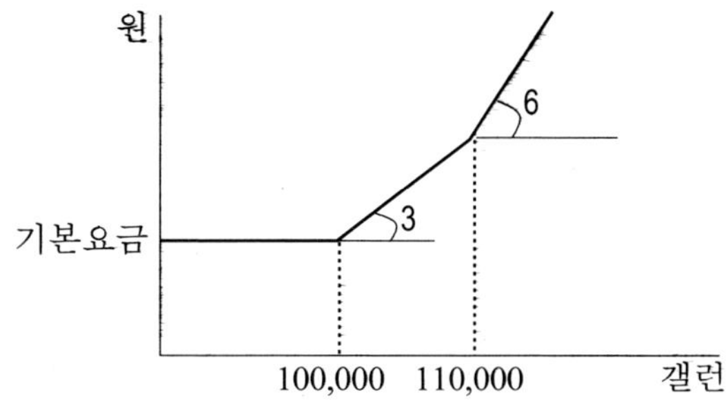

02 ④ [혼합원가식]

전력비의 변동원가는 기계운전시간당 ₩8씩 증가하므로 800시간 증가하면 ₩8×800시간=₩6,400 증가한다.

03 ④ [원가추정법의 종류와 특징]

ㄱ. 계정분석법 : 원가계정들을 분류하여 원가를 추정하는 방법이다.
ㄴ. 고저점법 : 최고조업도와 최저조업도의 원가자료를 사용하여 추정하는 방법이다.

04 ② [원가추정법의 종류와 특징]

두 원가수치의 차이는 변동비라고 가정한다.

05 ④ [고저점법]

최고점(3,000시간, ₩60,000)

최저점(2,000시간, ₩50,000)

단위당 변동원가=(₩60,000−50,000)/(3,000−2,000)=₩10/시간

연간납부금액=총작업시간×단위당 변동원가+고정원가

₩660,000=30,000×₩10/시간+고정원가

⇒ 고정원가=₩360,000

총변동원가=₩300,000

06 ② [고저점법]

단위당 변동원가

= (최고조업도의 총원가−최저조업도의 총원가)/(최고조업도−최저조업도)

₩40 = (₩15,000 − x)/(250 − 200)

x=₩13,000

07 ⑤ [고저점법과 매출원가]

1) 원가추정

구 분		생산량(Q)	총원가(C)	변동원가(40Q)	고정원가(C−40Q)
고점	3월	150,000	₩11,000,000	₩6,000,000	₩5,000,000
저점	2월	50,000	7,000,000	2,000,000	5,000,000
차액		100,000	₩4,000,000		
단위당 변동원가=$\frac{₩4,000,000}{100,000}$=₩40					
	7월	100,000		4,000,000	5,000,000

2) 영업이익 추정

	발생원가				비용화금액
	금 액	생산량	단위당 원가	판매량	7월
변동제조원가	₩4,000,000	100,000	₩40	75,000	₩3,000,000
고정제조원가	5,000,000	100,000	50	75,000	3,750,000
매출원가					₩6,750,000
매출액			100	75,000	7,500,000
매출총이익					₩750,000

08 ② [고저점법]

$y = a + bx$

－고저점법

고점 (300단위, ₩800,000)

저점 (200단위, ₩600,000)

a = ₩200,000

b = (₩800,000 − 600,000)/(300단위 − 200단위) = ₩2,000/단위

⇒ y = ₩200,000 + ₩2,000x

20×3년 총고정제조원가 10% 증가

⇒ y = ₩220,000 + ₩2,000x

생산량 400단위 : ₩2,000 × 400 + ₩220,000 = ₩1,020,000

⇒ 총제조원가 = ₩1,020,000

09 ③ [고저점법]

단위당 변동기계수선비 = (₩2,149,000 − 1,741,000)/(3,630시간 − 2,430시간) = ₩340/시간

고정기계수선비 = ₩2,149,000 − ₩340/시간 × 3,630시간 = ₩914,800

7월의 기계수선비 = ₩2,019,800 = ₩914,800 + ₩340/시간 × 7월 기계가동시간

7월 기계가동시간 = 3,250시간

10 ④ [고저점법]

단위당 변동원가 = $\frac{₩610,000 - 586,000}{34,000 - 31,000}$ = ₩8

총고정원가 = ₩610,000 − 34,000 × ₩8 = ₩338,000

7월의 전력비 = 32,375 × ₩8 + ₩338,000 = ₩597,000

11 ② [고저점법]

① 기계시간당 변동소모품비 = $\frac{₩72,000 - 48,000}{₩90,000 - 60,000}$ = 0.8

고정소모품비 = ₩48,000 − ₩60,000 × 0.8 = ₩0

예상소모품비 = ₩75,000 × 0.8 = ₩60,000

② 기계시간당 변동수선유지비 $= \dfrac{₩153{,}000 - 105{,}000}{₩90{,}000 - 60{,}000} = 1.6$

고정수선유지비 = ₩105,000 − ₩60,000 × 1.6 = ₩9,000

예상수선유지비 = ₩75,000 × 1.6 + ₩9,000 = ₩129,000

③ 기계시간당 변동제조간접원가 $= \dfrac{₩246{,}000 - 174{,}000}{₩90{,}000 - 60{,}000} = 2.4$

예상변동제조간접원가 = ₩75,000 × 2.4 = ₩180,000

④ 고정제조간접원가 = ₩174,000 − ₩60,000 × 2.4 = ₩30,000

⑤ 예상총제조간접원가 = ₩180,000 + 30,000 = ₩210,000

12 ④ [고저점법과 회귀분석법]

① R^2은 0에서 1 사이의 값을 갖는다.

② 유의도는 낮을수록 신뢰할 수 있고 0.01 이하이면 충분히 신뢰도가 높다.

③ 단위당 공헌이익 = 판매가 − 단위당 제조원가 − 단위당 판관비

= ₩700 − 526 − 10 = ₩164

④ 제조원가 = ₩296,000 + ₩526 × 2,000 = ₩1,348,000

⑤ 회귀분석이 고저점법보다 더 정확한 원가를 추정한다.

13 ⑤ [고저점법과 회귀분석법]

1) 회귀분석 추정제조원가 = ₩296,000 + ₩526 X

2) 고저점법

단위당 변동제조원가 $= \dfrac{₩1{,}427{,}600 - 850{,}400}{2{,}130개 - 1{,}020개} =$ ₩520/개

고정제조원가 = ₩1,427,600 − 2,130개 × ₩520 = ₩320,000

고저점법 추정제조원가 = ₩320,000 + ₩520 X

3) 동일 추정제조원가 생산량

₩296,000 + ₩526 X = ₩320,000 + ₩520 X

∴ X = 4,000개

14 ③ [학습효과]

누적생산량(X)	단위당 누적평균시간(Y)	총누적시간(XY)
1	3,000시간	3,000시간
2	3,000시간×0.9=2,700	5,400시간(=2,700×2)
4	3,000시간×0.9×0.9=2,430	9,720시간(=2,430×4)

직접재료원가	4× ₩80,000	=	₩320,000
직접노무원가	₩25×9,720시간	=	243,000
변동제조간접원가	₩243,000×0.6	=	145,800
			₩708,800

15 ④ [학습효과]

누적생산량	총시간	평균시간	누적총시간	증분시간	노무원가
10	150	15.00	150		
20		15×0.9=13.50	13.5×20=270		
40		13.5×0.9=12.15	12.15×40=486	486−150=336	₩403,200 (=336× ₩1,200)

16 ③ [학습효과]

누적생산량	증분시간	총누적시간	평균시간
10	H	H	H
20	0.6H	1.6H	0.8H(=1.6H÷2)

17 ③ [학습효과]

제품X-plus(B형)

누적생산량	증분노무시간	누적시간
1	120.00	
2	108.00	
3	101.52	
4	97.20	426.72

제품X(A형) 4단위 추가 노무시간=73.69×8−86.7×4=242.72

제품X-plus가 184시간(=426.72−242.72) 증가한다.

18 ④ [학습효과]

누적생산량	증분노무시간	누적노무시간	평균노무시간	학습률
1	90	90	90	
2	54	144 →	(144÷2=) 72 ↓	80% $\left(=\frac{72}{90}\right)$
4		(57.6×4=) 230.4 ←	(72×0.8=)57.6	80%

직접재료원가	₩500×4단위=	₩2,000
직접노무원가	230.4×₩10=	2,304
변동제조간접원가	230.4×₩2.5=	576
고정제조간접원가		2,500
총제조원가		₩7,380

19 ⑤ [학습효과]

직접노무원가	₩30,000,000
(÷)임률	30,000
노무시간	1,000

누적로트	평균노무시간		학습률	누적생산량	총노무시간	추가 35대
1		1,000		5	1,000	
8	1,000×0.9×0.9×0.9=	729	90%	40	729×8=5,832	4,832

직접재료원가	₩2,000,000×35=	₩70,000,000
직접노무원가	₩30,000×4,832=	144,960,000
변동제조간접원가	₩5,000×4,832=	24,160,000
계		₩239,120,000
생산수량		(÷) 35
단위당 변동제조원가		₩6,832,000

20 ④ [학습효과]

누적생산량	총시간	평균시간	누적총시간
1	100	100	100
4		100×0.8×0.8= 64	64×4= 256

직접재료원가	4× ₩85,000=	₩340,000
직접노무원가	256× ₩1,000=	256,000
제조간접원가	256× ₩500=	128,000
총제조원가		₩724,000

21 ① [학습효과]

누적생산량 2,000단위의 총직접노무시간=1,000시간×0.8^2×4=2,560시간

단위당 예상원가= ₩450+(2,560시간× ₩300/시간)/2,000단위 + ₩400= ₩1,234

22 ④ [학습효과]

누적생산량	묶음당 평균직접노무원가	누적직접노무원가
100단위	₩30,000	
400단위	₩30,000×0.9×0.9= ₩24,300	₩24,300×4= ₩97,200

직접재료원가	₩25,000×4=	₩100,000
직접노무원가		97,200
변동제조간접원가	₩97,200×2/3=	64,800
고정제조간접원가		100,000
총제조원가		₩362,000
(÷) 생산량		400
단위당 제조원가		₩905

9 변동원가계산

객관식

01 ③ [변동원가계산의 특징]

변동원가계산은 내부통제 목적으로 이용되며, 외부보고 목적으로 이용되지 않는다.

02 ① [변동원가계산의 특징]

ㄷ, ㄹ은 고정제조간접원가이므로 포함되지 않는다.

03 ④ [변동원가계산의 특징]

변동제조간접원가는 기간비용으로 처리하지 않는다.

04 ④ [변동원가계산의 구조]

공헌이익＝4,000개×(₩1,000－300－200－100－150)＝₩1,000,000

05 ① [변동원가계산의 구조]

영업이익＝(₩200－110－40)×8,000개－(₩180,000＋85,000)＝₩135,000
기말제품재고액 : ₩110×(10,000개－8,000개)＝₩220,000

06 ③ [변동원가계산의 구조]

판매량＝500단위－100단위＝400단위
단위당 변동제조원가＝(₩250,000＋80,000＋160,000)/500＝₩980

매출액	₩1,300×400단위=	₩520,000
변동원가	₩980×400단위+₩40,000=	432,000
공헌이익		₩88,000
고정원가		
고정제조간접원가		40,000
고정판매관리비		15,000
영업이익		₩33,000

07 ② [전부원가계산]

단위당 변동제조원가=₩1,200/30=₩40

단위당 고정제조원가=₩300/30=₩10

영업이익=매출액− 매출원가 − 판매관리비

=₩2,250−(₩40+10)×25−(₩125+375)=₩500

08 ② [변동원가계산과 전부원가계산의 비교]

전부원가계산은 외부보고 목적으로 사용된다.

09 ⑤ [변동원가계산과 전부원가계산의 비교]

① 3개년도 동안 생산량과 판매량이 110,000단위로 동일하므로 전부원가계산과 변동원가계산의 누적영업손익은 동일하다.

② (₩30−14)×50,000단위−₩500,000=₩300,000

③ 전부원가계산에 의한 기말제품원가 금액이 변동원가계산에 의한 금액보다 항상 크다. 전부원가계산에서만 기말제품원가에 고정제조간접원가가 포함되기 때문이다.

④ 변동원가계산은 고정제조간접원가도 기간비용으로 처리한다.

⑤ 30,000단위(기초제품)$\times\left(₩10+\frac{₩400,000}{50,000}\right)$

$+$20,000단위(당기생산)$\times\left(₩10+\frac{₩400,000}{20,000}\right)=₩1,140,000$

10 ⑤ [변동원가계산과 전부원가계산의 비교]

전부원가계산 영업이익－변동원가계산 영업이익

＝(생산량－판매량)×고정제조간접원가/생산량

＝ (5,000－X) × ₩1,000,000/5,000

＝₩300,000

X＝5,000－₩300,000/₩200＝3,500

11 ③ [변동원가계산과 전부원가계산의 비교]

단위당 고정제조간접원가＝₩358,400÷3,200＝₩112

변동원가계산에 의한 단위당 제품원가＝₩800－112＝₩688

변동원가계산에 의한 기말제품재고액＝₩688×300＝₩206,400

12 ③ [변동원가계산과 전부원가계산의 비교]

전부원가계산 영업이익－변동원가계산 영업이익

＝₩10,000＝(생산량－판매량)×고정제조간접원가/생산량

＝ (Q－500) × ₩30,000/Q

⇒ ₩20,000Q＝₩15,000,000

⇒ Q＝750

13 ⑤ [변동원가계산과 전부원가계산의 비교]

2개년도 모두 단위당 고정제조간접원가＝₩120,000/6,000단위＝₩20/단위

전부원가계산의 이익		₩910,000
＋기초제품 고정제조간접원가	₩20/단위×(6,000단위－4,000단위)＝	40,000
－기말제품 고정제조간접원가	₩20/단위×(2,000단위＋6,000단위－7,000단위)＝	20,000
변동원가계산의 이익		₩930,000

14 ④ [변동원가계산과 전부원가계산의 비교]

전부원가계산 이익－변동원가계산 이익

＝ ₩72,000 － 60,000 ＝₩12,000

＝(전부원가계산 기말재고－전부원가계산 기초재고)

－(변동원가계산 기말재고－변동원가계산 기초재고)

＝(전부원가계산 기말재고－변동원가계산 기말재고)

－전부원가계산 기초재고(B)＋변동원가계산 기초재고

＝ ₩25,000 － B ＋ ₩64,000

＝ ₩89,000 － B

⇒ B＝₩77,000

15 ③ [변동원가계산과 전부원가계산의 비교]

판매량＝매출액/판매가＝₩1,000,000/₩1,000＝1,000개

총고정제조원가＝₩400,000－50,000＝₩350,000

전부원가계산 영업이익－변동원가계산 영업이익＝(생산량－판매량)×총고정제조원가/생산량

₩150,000 － 80,000 ＝ (Q－1,000) × ₩350,000/Q

⇒ ₩280,000Q＝₩350,000,000

⇒ Q＝생산량＝1,250

단위당 제조원가＝매출원가/판매량＝₩650,000/1,000＝₩650

전부원가계산 기말제품＝(1,250－1,000)×₩650＝₩162,500

16 ② [변동원가계산과 전부원가계산의 비교]

전부원가계산 이익－변동원가계산 이익＝기말제품×$\frac{₩250,000}{2,000}$＝₩200,000

기말제품＝1,600단위

판매량＝기초제품재고량＋ 생산량 － 기말제품재고량

＝ 0단위 ＋2,000단위－ 1,600단위 ＝400단위

17 ⑤ [변동원가계산과 전부원가계산의 비교]

20×2년 변동원가계산 영업이익		₩40,000
−기초제품 고정제조간접원가	₩24,000−16,000=	8,000*
+기말제품 고정제조간접원가	200단위×₩84,000/2,800단위=	6,000
20×2년 전부원가계산 영업이익		₩38,000

* 20×1년 전부원가계산 영업이익과 변동원가계산 영업이익의 차이=20×1년말(20×2년초) 제품재고의 고정제조간접원가

18 ⑤ [변동원가계산과 전부원가계산의 비교]

① 3개년도 총생산량=3개년도 총판매량 → 3개년도 전부원가계산 영업이익=변동원가계산 영업이익

② (₩30−14)×50,000단위−₩500,000=₩300,000

③ 2차년도에 기초제품재고가 없고 변동원가계산에서 고정원가는 모두 당기비용으로 처리하며 전부원가계산에서는 고정제조원가가 기말제품에 일부 남아 있다.

⑤ 2차년도 단위당 고정제조간접원가=₩400,000÷50,000단위=₩8

3차년도 단위당 고정제조간접원가=₩400,000÷20,000단위=₩20

3차년도 기초제품 판매의 매출원가	30,000단위×(₩10+8)
+3차년도 당기생산품 판매의 매출원가	20,000단위×(₩10+20)
3차년도 매출원가	₩1,140,000

19 ① [전부원가계산−선입선출법]

1) 연도별 단위당 고정제조원가

20×1년 : ₩600,000÷60,000=₩10

20×2년 : ₩600,000÷30,000=₩20

20×3년 : ₩600,000÷50,000=₩12

2) 20×1년과 20×3년의 매출원가에 포함된 고정제조간접원가

20×1년 : 40,000×₩10=₩400,000

20×3년 : 10,000×₩20+30,000×₩12=₩560,000

3) 20×1년과 20×3년의 판매량, 판매가격, 변동원가가 같으므로 매출원가에 포함된 고정제조간접원가만큼 영업이익의 차이가 난다.

20×3년도가 20×1년도보다 매출원가 중 고정제조간접원가가 ₩160,000 크므로 영업이익은 ₩160,000 적다.

∴ 20×3년도 영업이익＝₩800,000－160,000＝₩640,000

20 ④ [전부원가계산－선입선출법]

20×2년 판매량＝기초제품수량＋ 생산량 －기말제품수량
＝ 300단위 ＋1,750단위－ 150단위 ＝1,900단위

		20×1년		20×2년
변동제조원가		₩38		₩40
고정제조간접원가	₩48,000÷1,500단위＝	32	₩70,000÷1,750단위＝	40
단위당 제조원가		₩70		₩80

20×2년 매출원가＝ 300단위×₩70 (기초재고판매분) ＋ 1,600단위×₩80 (당기생산·판매분) ＝₩149,000

21 ② [변동원가계산과 전부원가계산의 비교－선입선출법]

전부원가계산 영업이익－변동원가계산 영업이익
＝기말제품 제조간접원가－기초제품 제조간접원가
＝(10,000－S)×₩1,800,000/10,000－(8,000－7,000)×₩1,600,000/8,000＝－₩20,000
(10,000－S)×₩180＝₩200,000－20,000
S＝10,000－₩180,000/₩180＝9,000

22 ④ [변동원가계산과 전부원가계산의 비교－선입선출법]

전부원가계산이익－변동원가계산이익
＝(기말제품－기초제품)×고정제조간접원가 / 생산량
＝(500 － Q)× ₩750,000 / 5,000 ＝－₩30,000
⇒ Q＝700

23 ④ [변동원가계산과 전부원가계산의 비교－선입선출법]

단위당 변동제조원가를 V, 고정제조간접원가를 F라 표시하면

20×1년 매출원가＝ 80V＋80/100F ＝₩17,600

20×2년 매출원가＝110V＋20/100F＋90/120F＝₩22,400

⇒ F＝₩12,000

변동원가계산 영업이익

＝전부원가계산 영업이익＋기초제품 고정제조간접원가－기말제품 고정제조간접원가

＝ ₩4,400 ＋ 20/100×₩12,000 － 30/120×₩12,000

＝₩3,800

24 ④ [초변동원가계산]

총발생원가＝총제조원가＋판관비

＝ ₩3,000,000 ＋200,000 ＝₩3,200,000

초변동원가계산의 당기총비용

＝ 매출 －영업이익

＝300×₩10,000－ 400,000 ＝₩2,600,000

초변동원가계산에서는 직접재료원가만 재고화하므로 기말제품의 직접재료원가는 ₩3,200,000－2,600,000＝₩600,000

직접재료원가$=\dfrac{₩600,000}{500-300개}\times 500개=₩1,500,000$

25 ④ [변동원가계산과 초변동원가계산의 비교]

변동원가계산의 영업이익－초변동원가계산의 영업이익

＝기말제품의 변동가공비－기초제품의 변동가공비

＝단위당 가공비×[기말제품량－기초제품량]

＝(₩50＋60)×[(100＋2,000－1,800)－100]＝₩22,000

26 ⑤ [변동원가계산과 전부원가계산 및 초변동원가계산의 비교]

변동원가와 고정원가의 분류는 기능에 따른 분류가 아니라 원가형태에 따른 분류이다.

27 ② [변동원가계산과 전부원가계산 및 초변동원가계산의 비교]

가. 전부원가계산에서는 표준원가를 사용할 수 있다.

라. 전부원가계산은 생산량이 이익에 영향을 미친다.

28 ③ [변동원가계산과 전부원가계산 및 초변동원가계산의 비교]

① 초변동원가계산에서 생산이 늘어날수록 이익이 감소하므로 생산과잉을 더 잘 방지한다.

② 전환원가 중 고정제조간접원가만 기간비용으로 처리한다.

④ 공헌이익은 내부 의사결정 목적으로 이용된다.

⑤ 기초제품과 기말제품의 단위당 원가에 따라 제품재고물량이 늘어나도 변동원가계산의 영업이익이 전부원가계산에서보다 높을 수 있다.

10 원가-조업도-이익 분석

객관식

01 ③ [원가-조업도-이익 분석 종합]

① 변동원가계산에서 생산량이 이익에 영향을 미치지 않으므로 손익분기점에 변화가 없다.

②, ④, ⑤ 옳은 설명이다.

③ 법인세율은 손익분기 판매량과 손익분기 매출액에 영향이 없다.

02 ① [원가-조업도-이익 분석 종합]

계단원가의 행태로 원가가 발생하는 경우 반드시 계단 수만큼 손익분기점이 존재하는 것은 아니다.

03 ③ [이익의 계산]

20×1년 매출액 = ₩700,000 + 500,000 = ₩1,200,000

공헌이익률 = ₩500,000 ÷ ₩1,200,000 = $\frac{5}{12}$

20×1년 이익 = ₩1,200,000 × 1.2 × $\frac{5}{12}$ − ₩300,000 = ₩300,000

04 ① [손익분기점]

① (₩30/개 × 500개) + ₩14,000 = ₩29,000

② ₩30/개 × 500개 = ₩15,000

③ ₩100 − 30 = ₩70

④ (₩70/개 × 500개) − ₩14,000 = ₩21,000

⑤ ₩14,000/₩70/개 = 200개

05 ③ [손익분기 매출액]

₩100,000×20%−고정비=₩0

∴ 고정비=₩20,000

06 ① [손익분기점]

이익=[₩1,000×1.1−(₩600−C)−₩100]×1,800−(₩600,000+90,000+120,000)=₩0

(₩400+C)×1,800−₩810,000=₩0

⇒ C=₩50

07 ⑤ [손익분기점과 무차별 판매량]

노동집약적 생산방법 손익분기점=₩3,500,000/(₩600−350)=14,000단위

동일이익 판매량 : (₩600−350)Q−₩3,500,000=(₩600−300)Q−₩4,500,000

∴ Q=20,000단위

08 ④ [전부원가계산의 손익분기점]

$$\text{변동원가계산 BEP}=\frac{₩200,000+300,000}{₩1,000-280-320}=1,250$$

$$\text{전부원가계산 BEP}=\frac{₩300,000}{₩1,000-280-320-100^{*}}=1,000$$

$$^{*}\ \text{매출원가 중 단위당 고정제조간접원가}=\frac{₩200,000}{2,000}=₩100$$

09 ① [전부원가계산의 손익분기점]

전부원가계산의 손익분기점

$$=\frac{\text{고정판관비}}{\text{단위당 판매가격}-\text{단위당 변동제조원가}-\text{단위당 고정제조원가}^{*}-\text{단위당 판관비}}$$

$$=\frac{₩3,000,000}{₩10,000-(₩3,000+2,500+2,000)-\dfrac{₩2,000,000}{4,200+400-600}-₩0}=1,500$$

* 정상원가계산이므로 기초제품재고의 단위당 고정제조원가가 당기와 같다고 본다.

10 ② [목표이익을 위한 판매량]

₩200,000＝(₩5,000－3,700)×Q－(₩600,000－150,000)

∴ Q＝500개

11 ④ [목표이익을 위한 판매량]

(₩2,000－1,000－250)×Q－₩1,000,000－500,000＝₩3,000,000

∴ Q＝6,000단위

12 ⑤ [목표이익을 위한 판매량]

20×0년 매출원가＝280개×P×(1－0.25)＝280개×(₩6,200＋11,800)＋₩4,200,000

P(판매가)＝₩44,000

20×1년 매출총이익＝(₩44,000－6,200－11,800)×Q－₩4,200,000≥₩1,000,000

∴ Q≥200개

13 ⑤ [목표이익을 위한 판매량]

20×2년 영업이익 ＝	공헌이익	－	고정원가
₩22,000	＝[₩250－(₩150－20)]×판매량	－	(₩15,000＋5,000)

⇒ 20×2년의 판매량＝350단위

20×1년 판매량＝₩80,000/₩250＝320단위

14 ② [목표이익을 위한 판매액]

0.2S－₩10,000＝₩4,000

매출액(S)＝₩70,000

15 ③ [목표이익을 위한 판매액]

제품 A와 제품 B의 금액배합을 P : 1－P라 하면

구 분	제품 A	제품 B
매출액	₩7,000,000×P	₩7,000,000×(1－P)
공헌이익률	0.5	0.3
각 제품의 공헌이익	₩3,500,000×P	₩2,100,000×(1－P)
식 구성	₩3,500,000×P＋₩2,100,000×(1－P)－₩1,750,000＝₩700,000	

※ P＝25%이므로

∴ A의 매출액＝₩1,750,000, B의 매출액＝₩5,250,000

16 ⑤ [목표이익을 위한 판매액]

20×2년 손익계산서

매출액	S
변동매출원가	0.45S
고정매출원가	₩15,000
변동판매비와관리비(판매원 수수료)	0.15S
고정판매비와관리비(기존 금액)	₩4,000
판매원 고정급여	₩8,000
영업이익	0.4S－₩27,000＝₩18,000

∴ S＝₩112,500

17 ④ [계단원가와 손익분기점]

첫 번째 구간의 고정원가＝860단위×₩40＝₩34,400

두 번째 구간의 손익분기점＝$\dfrac{₩34,400+17,600}{₩40}$＝1,300단위

18 ④ [계단원가와 원가-조업도-이익 분석]

판매수량 0～50,000개 : ₩400×Q×(1－0.7)－₩3,000,000＝₩9,000,000

Q＝100,000개

판매수량 50,001～90,000개 : ₩400×Q×(1－0.7)－₩4,500,000＝₩9,000,000

Q＝112,500개

판매수량 90,001～130,000개 : ₩400×Q×(1－0.7)－₩6,000,000＝₩9,000,000

Q＝125,000개

∴ 판매수량조건을 충족하는 125,000개를 생산·판매해야 한다.

19 ⑤ [계단원가와 최대이익]

단위당 공헌이익＝₩300－180＝₩120

	조업도		
	0～2,000	2,001～4,000	4,001～5,000
최대판매수량	2,000	4,000	5,000
최대공헌이익	₩240,000	₩480,000	₩600,000
고정원가	300,000	450,000	540,000
최대영업이익	(₩60,000)	₩30,000	₩60,000

20 ④ [세후목표이익을 위한 판매량]

세전순이익 : ₩120,000÷(1－0.4)＝₩200,000

단위당 공헌이익 : ₩5,000－3,000＝₩2,000

목표이익 달성을 위한 판매량 : $\frac{(₩500,000+200,000)}{₩2,000}$＝350개

21 ⑤ [세후목표이익을 위한 판매량]

세무조정 필요로 세전목표이익을 사용해서 풀 수는 없다.

세전이익	(₩1,000－600)×Q－₩1,900,000
법인세	{(₩1,000－550)×Q－₩1,800,000}×20%
세후이익	₩41,000

Q＝5,100단위

22 ② [계단원가와 세후목표이익을 위한 판매량]

세후목표이익을 달성하기 위한 매출액

＝[세후순이익/(1－세율)＋총고정비]/공헌이익률

＝[₩2,000,000/(1－0.2)＋₩5,000,000]/10%＝₩75,000,000

세후목표이익을 달성하기 위한 판매량 = ₩75,000,000/₩10,000 = 7,500단위

23 ③ [누진법인세후 목표이익을 위한 판매량]

세전순이익 ₩10,000에 대한 법인세차감후순이익 : ₩10,000 × (1 − 0.1) = ₩9,000

₩10,000을 초과하는 세전순이익에 대한 법인세차감후순이익 :

₩17,000 − 9,000 = ₩8,000

세전순이익 : ₩8,000 ÷ (1 − 0.2) = ₩10,000

세전순이익 합계 : ₩10,000 + 10,000 = ₩20,000

연필판매수량 : $\frac{(₩70,000 + 20,000)}{₩300^{*}}$ = 300개

* 단위당 공헌이익 : ₩1,000 − 700 = ₩300

24 ⑤ [세후목표이익 매출액과 안전한계]

손익분기점 = ₩90,000 ÷ (₩2,000 − 1,400) = 150

목표세전이익 = ₩42,000 ÷ (1 − 0.3) = ₩60,000

목표판매량 = (₩90,000 + 60,000) ÷ ₩600 = 250

목표매출액 = 250 × ₩2,000 = ₩500,000

안전한계(매출액) = ₩500,000 − 150 × ₩2,000 = ₩200,000

25 ③ [세후목표이익 매출액과 안전한계]

총비용(원가) = 매출액 − 영업이익 = ₩5,000 − 2,000 = ₩3,000

고정비 = 총비용 − 변동비 = ₩3,000 − ₩5,000 × 0.36 = ₩1,200

단위당 공헌이익 = (₩5,000 − ₩5,000 × 0.36) ÷ 1,000 = ₩3.2

손익분기점 = ₩1,200 ÷ ₩3.2 = 375

안전한계율 = $\frac{1,000 - 375}{1,000}$ = 0.625(가)

목표세전이익 = $\frac{₩2,112}{1 - 0.2}$ = ₩2,640

$$목표매출액 = \frac{고정비 + 목표세전이익}{단위당\ 공헌이익} \times 단위당\ 판매가$$

$$= \frac{₩1,200 + 2,640}{3.2} \times \frac{₩5,000}{1,000}$$

$$= ₩6,000(나)$$

26 ③ [레버리지 효과]

① 공헌이익＝매출액(S)×0.4

＝S－₩240,000

⇒ 0.6S＝₩240,000 ⇒ 매출액＝₩400,000

⑤ 손익분기 매출액＝₩60,000÷0.4＝₩150,000

② 안전한계율＝(₩400,000－150,000)÷₩400,000＝62.5%

③ 공헌이익＝₩400,000－240,000＝₩160,000

세전이익＝₩160,000－60,000＝₩100,000

레버리지도＝₩160,000÷₩100,000＝1.6

〈별 해〉 1÷0.625＝1.6

④ 세후이익＝₩100,000×(1－0.2)＝₩80,000

27 ④ [레버리지 효과]

① 고정원가가 있어 레버리지 효과가 있으므로 판매량 증감률 < 영업이익 증감률

② 매출액이 같고 (주)관세의 고정원가가 높으므로 (주)관세의 영업이익 증감률이 더 높다.

③ 각 기업의 변동원가율은 변하지 않으므로 옳지 않은 설명이다.

④ 옳은 설명이다. (본문 설명 참조)

⑤ (주)관세 레버리지도$= \frac{₩48,000}{₩20,000} = 2.4$

(주)한국 레버리지도$= \frac{₩36,000}{₩20,000} = 1.8$

(주)관세의 레버리지도가 더 크므로 (주)관세가 더 위험하다.

28 ⑤ [고저점법과 레버리지 효과]

20×1년 단위당 변동원가 $= \dfrac{₩1,650,000-1,200,000}{300-200} = ₩4,500$

20×1년 고정원가 $= (₩1,200,000 - ₩4,500 \times 200) \times 2 = ₩300,000 \times 2 = ₩600,000$

20×2년 단위당 변동원가 $= \dfrac{₩1,900,000-1,725,000}{400-350} = ₩3,500$

20×2년 고정원가 $= (₩1,900,000 - ₩3,500 \times 400) \times 2 = ₩500,000 \times 2 = ₩1,000,000$

④ 총고정원가 ₩1,000,000 − 600,000 = ₩400,000 증가

⑤ 20×1년 BEP = ₩600,000 ÷ (₩7,500 − 4,500) = 200

20×2년 BEP = ₩1,000,000 ÷ (₩7,500 − 3,500) = 250

BEP 50단위 증가

② 20×2년 안전한계율 = (350 + 400 − 250) ÷ (350 + 400) = 0.67

① 20×2년 영업레버리지도 = 1 ÷ 0.67 = 1.49

③ 20×1년 안전한계율 = (200 + 300 − 200) ÷ (200 + 300) = 0.6

20×1년 영업레버리지도 = 1 ÷ 0.6 = 1.67

20×1년 영업레버리지도는 20×2년보다 높다.

29 ⑤ [가중평균 공헌이익률]

	제품 A	제품 B	합 계	
매출액	₩3,750,000(25%)	₩11,250,000(75%)		₩15,000,000
변동원가				9,750,000
공헌이익	₩3,750,000 × 0.23 = ₩862,500	₩5,250,000 − 862,500 = ₩4,387,500	₩2,250,000 + 3,000,000 =	₩5,250,000
고정원가				2,250,000
영업이익				₩3,000,000

제품 B 공헌이익률 = ₩4,387,500 ÷ ₩11,250,000 = 0.39

〈별 해〉

총공헌이익 = ₩2,250,000 + 3,000,000 = ₩5,250,000

평균공헌이익률 = ₩5,250,000 ÷ ₩15,000,000 = 35%

= 25% × 23% + 75% × R

R = (0.35 − 0.25 × 0.23) ÷ 0.75 = 0.39

30 ② [복수제품의 손익분기점]

매출배합 일정은 매출액 배합 일정으로 보나 판매량 배합 일정으로 보나 같으므로 판매량 배합 일정으로 풀이한다.

A 판매량＝₩200,000÷₩4,000＝50단위

B 판매량＝100－50＝50단위

평균 단위당 공헌이익＝$\frac{₩500,000-375,000}{100}$＝₩1,250

BEP＝₩150,000÷₩1,250＝120

제품 B BEP＝120÷2＝60

31 ② [복수제품의 세후목표이익 매출액]

제품 판매량 비율이 아닌 매출액 비율이 일정하므로 가중평균 공헌이익률로 풀어야 한다.

	A제품	B제품	C제품
단위당 판매가격	₩150	₩100	₩250
단위당 변동원가	105	80	125
단위당 공헌이익	₩45	₩20	₩125
공헌이익률	30%	20%	50%
매출액 구성비	30%	20%	50%

가중평균 공헌이익률＝0.3×0.3＋0.2×0.2＋0.5×0.5＝38%

목표세전이익＝₩12,000÷(1－0.4)＝₩20,000

목표매출액＝(₩18,000＋20,000)÷0.38＝₩100,000

32 ⑤ [복수제품의 손익분기점]

	제품 X	제품 Y	제품 Z	합 계
BEP	7,800×1/3＝2,600	7,800	2,600	
BEP 공헌이익	2,600×₩12＝₩31,200	7,800×₩15＝₩117,000	2,600×₩8＝₩20,800	₩169,000

고정원가＝₩169,000

〈제품 Z 생산 중단시〉

목표이익＝(₩12×0.6＋₩15×0.4)×총생산량 Q－(₩169,000－4,000)＝₩33,000

Q＝15,000

제품 X 판매량＝15,000×0.6＝9,000

33 ③ [복수제품의 손익분기점과 레버리지도]

	제품 A		제품 B		제품 C		합 계
판매수량	2,500		5,000		2,500		10,000
매출액	₩250,000		₩750,000		₩250,000		₩1,250,000
공헌이익	2,500×₩40	＋	5,000×₩75	＋	2,500×₩70	＝	₩650,000
공헌이익률					₩650,000÷₩1,250,000	＝	52%

$$레버리지도=\frac{공헌이익}{세전이익}=\frac{₩650{,}000}{₩650{,}000-고정원가}=5$$

$$\Rightarrow 고정원가=₩650{,}000\left(1-\frac{1}{5}\right)=₩520{,}000$$

$$손익분기\ 매출액=\frac{₩520{,}000}{0.52}=₩1{,}000{,}000$$

$$손익분기\ 매출액의\ 제품\ C\ 금액=₩1{,}000{,}000\times\frac{₩250{,}000}{₩1{,}250{,}000}=₩200{,}000$$

11 종합예산

객관식

01 ⑤ [예산관련 개념]

종합예산은 사전에 작성되므로 고정예산이다.

02 ② [예산의 종류와 특징]

자본예산의 투자액은 예산현금흐름표에 반영되고 예산손익계산서에 포함되지 않는다.

03 ⑤ [예산의 종류와 특징]

참여예산은 조직구성원이 조직목표를 설정하는 데 참여하는 것이다. 부서의 예산목표는 조직 전체의 목표를 고려하여 편성한다.

04 ② [판매예산과 생산예산]

2분기 생산수량＝2분기 판매수량＋2분기 기말수량－2분기 기초수량
＝16,000단위＋9,000단위×30%－16,000단위×30%
＝13,900단위

05 ③ [판매예산과 생산예산]

연간 판매량 1,000단위＋1,000단위＋1,200단위＋1,300단위＝	4,500단위
(＋) 연말 제품재고량	450단위
(－) 연초 제품재고량	300단위
생산량	4,650단위

06 ④ [판매예산과 생산예산]

2월 기말제품재고량(25,000)＝기초제품재고량(27,000)＋생산량－판매량(380,000)
생산량＝378,000단위

07 ② [직접노무원가예산]

	생산량	직접노무시간	2,600직접노무시간 초과
1분기	8,000×0.8＋6,500×0.2＝7,700	7,700×0.35＝2,695	95
2분기	6,500×0.8＋7,000×0.2＝6,600	6,600×0.35＝2,310	
3분기	7,000×0.8＋7,500×0.2＝7,100	7,100×0.35＝2,485	
4분기	7,500×0.8＋8,000×0.2＝7,600	7,600×0.35＝2,660	60
합 계			155

직접노무원가 예산금액
＝2,600시간/분기×4분기×₩10/시간＋155시간×₩15/시간＝₩106,325

08 ③ [직접노무원가예산]

	4월	5월	6월	7월
판매량	3,000	4,000	4,000	5,000
기초제품		400	400	
기말제품	400	400	500	
생산량		4,000	4,100	

6월 직접노무원가예산＝4,100단위×4시간/단위×(₩50＋5＋5)/시간＝₩984,000

09 ③ [직접재료구입예산]

	1분기	2분기	3분기	4분기
판매량	1,000	3,000	5,000	2,000
(+) 기말제품재고량	600	1,000	400	
(−) 기초제품재고량	200	600	1,000	
생산량	1,400	3,400	4,400	
직접재료사용량(×20kg)	28,000	68,000	88,000	
(+) 기말재료량	6,800	8,800		
(−) 기초재료량		6,800		
직접재료구매량		70,000		
직접재료구매액(×₩2)		₩140,000		

(기말제품재고량은 다음 분기 판매량의 20%, 기말재료량은 다음 분기 직접재료사용량의 10%)

10 ③ [직접재료구입예산]

	4월	5월	6월
판매예산			
생산량(A)	1,000	1,200	1,500
직접재료사용량(2A)	2,000	2,400	3,000
월말직접재료량	120	150	
필요직접재료량		2,550	
월초직접재료량		120	
직접재료구입량		2,430	
직접재료구입단가		₩10	
직접재료구입예산		₩24,300	

(월말직접재료량은 다음 달 직접재료사용량의 5%)

11 ④ [직접재료구입예산]

40＋3월 생산제품수량＝100＋120×50%

3월 생산제품수량＝120

4월 생산제품수량＝120×50%＋140×50%＝130

100＋3월 재료구입수량＝120＋130×80%

3월 재료구입수량＝124

3월 재료구입금액＝124단위×₩20＝₩2,480

12 ② [직접재료구입예산]

재 료

2분기초	800R	사용량	800*
구입량	820	2분기말	1,000R**
계	800R＋820	계	800＋1,000R

* 400단위×2g/단위＝800g
** 500단위×2g/단위×R＝1,000Rg

800R＋820＝800＋1,000R

∴ R＝10%

13 ⑤ [직접재료구입예산]

원재료 사용량은 제품 45,000단위와 기말재공품 2,000단위에 공정초에 들어간 47,000단위×3kg＝141,000kg이다.

원재료구입량＝사용량＋기말량－기초량＝141,000kg＋23,000kg－0＝164,000kg

구입액＝164,000kg×₩2/kg＝₩328,000

14 ① [상품매입예산]

매출원가 3월 : ₩500,000×60%＝₩300,000

4월 : ₩400,000×60%＝₩240,000

3월초 재고 : ₩300,000×50%＝₩150,000

3월말 재고 : ₩240,000×50%＝₩120,000

3월 상품매입액＝₩300,000＋120,000－150,000＝₩270,000

15 ③ [상품매입예산]

[재고비율 10%]

	1월	2월	3월	4월
매출액	₩4,000,000	₩5,000,000	₩6,000,000	₩7,000,000
매출원가(70%)	2,800,000	3,500,000	4,200,000	4,900,000
(+) 월말재고	350,000	420,000	490,000	
(−) 월초재고	280,000	350,000	420,000	
상품매입예산	₩2,870,000	₩3,570,000	₩4,270,000	

(월말재고 = 다음 달 매출원가 × 10%, 당월 월말재고 → 다음 달 월초재고)

[재고비율 20%]

	1월	2월	3월	4월
매출액	₩4,000,000	₩5,000,000	₩6,000,000	₩7,000,000
매출원가(70%)	2,800,000	3,500,000	4,200,000	4,900,000
(+) 월말재고	700,000	840,000	980,000	
(−) 월초재고	560,000	700,000	840,000	
상품매입예산	₩2,940,000	₩3,640,000	₩4,340,000	

(월말재고 = 다음 달 매출원가 × 20%, 당월 월말재고 → 다음 달 월초재고)

∴ 3월 상품매입예산 증가액＝₩70,000

16 ② [상품매입대금 지급예산]

	1월	2월	3월
매출액	₩100,000	₩120,000	₩150,000
매출원가율	80%	75%	70%
매출원가	80,000	90,000	105,000
(+) 월말상품	9,000	10,500	
(−) 월초상품	10,000	9,000	
상품매입액	₩79,000	₩91,500	
현금지출액			
현금매입		36,600	
외상매입지출			
1월 외상매입		47,400	
		₩84,000	

(월말상품 = 다음 달 매출원가 × 10%; 현금매입 = 2월 상품매입액 × 40%; 1월 외상매입 = 1월 상품매입액 × 60%)

17 ⑤ [상품매입대금 지급예산]

(단위 : 천원)

	(계산식)	4월	(계산)	5월	(계산)	6월
매출액		480		560		600
매출원가	=매출액×(1−0.45)	264	=480×0.55	308	=560×0.55	330
기말재고	=다음달 매출원가×0.3	92.4	=308×0.3	99	=330×0.3	
기초재고	=전달 기말재고×0.3	79.2	=264×0.3	92.4	=308×0.3	99
총매입액	=매출원가+기말재고−기초재고	277.2	=264+92.4−79.2	314.6	=308+99−92.4	
현금매입액	=총매입액×0.3	83.16	=277.2×0.3	94.38	=314.6×0.3	
외상매입액	=총매입액×0.7	194.04	=277.2×0.7	220.22	=314.6×0.7	
현금지출액	=당기 현금매입액 +전기 외상매입액			288.42	=94.38+194.04	

18 ② [현금예산]

11/10 현금유입 : ₩50,000×0.5×0.95=	₩23,750
11/30 현금유입 : ₩50,000×0.2=	10,000
11월 총현금유입	₩33,750

19 ⑤ [현금예산]

	외상매출액	1월 현금유입액	1월말 매출채권 잔액
20×1년 11월		₩10,000*	
20×1년 12월	₩60,000/40%= ₩150,000	₩150,000×35%= ₩52,500	₩150,000×5%= ₩7,500
20×2년 1월	₩350,000	₩350,000×60%= ₩210,000	₩350,000×40%= ₩140,000
		현금매출액 ₩80,000	
계		₩352,500	₩147,500

* 11월분 외상매출대금의 5%인 ₩10,000이 1월에 회수된다.

20 ④ [현금예산]

	1분기	2분기	3분기	4분기	계
매출액	₩250,000	₩300,000	₩200,000	₩275,000	₩1,025,000
현금매출(40%)	100,000	120,000	80,000	110,000	410,000
외상매출(60%)	150,000	180,000	120,000	165,000	615,000
외상매출회수액					
1분기 매출액	90,000	45,000	15,000		150,000
2분기 매출액		108,000	54,000	18,000	180,000
3분기 매출액			72,000	36,000	108,000
4분기 매출액				99,000	99,000
계	₩160,000	₩273,000	₩221,000	₩263,000	₩947,000

21 ④ [현금예산]

처분이익: ₩500,000 − 300,000

1. 현금유입액 = ₩500,000 − (₩500,000 − 300,000) × 0.2 = ₩460,000

법인세 증가액: (₩500,000 − 300,000) × 0.2

2. 현금지출액 = ₩1,000,000

그러므로 순현금지출액은 ₩540,000이다.

이를 활동별로 구분한다면 다음과 같다.

영업현금흐름 = −(₩500,000 − 300,000) × 0.2

투자현금흐름 = − ₩1,000,000 + 500,000

22 ④ [현금예산]

20×1년 1월 1일 현금잔액	₩28,000
기초 매출채권 회수 :	78,000
1월 외상매출금 회수액 : ₩260,000 × 0.95 =	247,000
2월 외상매출금 회수액 : ₩230,000 × 0.55 =	126,500
기초 매입채무 지급 :	(200,000)
1월 매입대금 지급 :	(196,000)
기타 운영비 : ₩21,700 × 2	(43,400)
20×1년 2월말 현금잔액	₩40,100

* 1월 상품매입액

상 품

1/1	₩104,000	매출원가	₩208,000 (=₩260,000×80%)
구입	196,000 (=₩208,000+92,000−104,000)	1.31	92,000 (=₩230,000×80%×50%)
	₩300,000		₩300,000

23 ② [현금예산]

	1월	2월	3월
매출액	₩600,000	₩450,000	₩900,000
매출원가(70%)	420,000	315,000	630,000
(+) 기말상품재고	31,500	63,000	
(−) 기초상품재고	60,000	31,500	
상품매입예산	₩391,500	₩346,500	
매출회수액			
1월 매출액	240,000(40%)	330,000(55%)	
2월 매출액		180,000(40%)	247,500
3월 매출액			360,000
상품매입유출액		391,500	346,500
순현금유입액	₩240,000	₩118,500	₩261,000

(기말상품재고: 다음 달 매출원가의 10%)

24 ② [자본예산기법]

내부수익률은 투자안에서 발생하는 현금유입액과 현금유출액의 현재가치를 일치시키는 할인율로 계산되며, 이는 곧 투자안의 순현재가치(NPV)를 0으로 만드는 할인율이다.

25 ① [순현재가치법]

1) 증분영업현금흐름 : ₩65,000×3.6=₩234,000
2) 투자안 현금지출액 : (₩200,000)
3) 투자안의 순현재가치(NPV) : 1)−2)=₩34,000

26 ① [순현재가치법]

위 사례는 기업의 경영진들이 순현재가치(NPV)를 과대평가한 경우이다.

② 투자종료시점의 투자안의 처분가치를 낮게 추정한 경우는 현금유입액을 낮게 평가한 경우이므로 순현재가치(NPV)는 낮게 평가된다.

③ 투자안의 자본비용(기회비용)을 높게 추정한 경우 순현재가치(NPV)는 낮게 평가된다.

④ 투자세액공제는 현금유입액의 성격이므로 순현재가치(NPV)는 낮게 평가된다.

27 ③ [자본예산 내부수익률]

- 신규투자안의 연금현가계수

$$=\frac{₩50,000}{₩20,000}=2.5$$

- 연금현가계수 2.5가 9%(2.531)와 10%(2.487) 사이에 존재
- 보간법을 이용한 내부수익률 계산

할인율	9%	IRR	10%
현 가	2.531	2.5	2.487

(9%에서 IRR까지: $+x$)

$$x=\frac{2.531-2.5}{2.531-2.487}=0.7$$

IRR＝9%＋0.7%＝9.7%

28 ⑤ [회수기간법]

	0년차	1년차	2년차	3년차	4년차	5년차
현금흐름						
현금유출	(280,000)					
현금유입		100,000	80,000	60,000	50,000	40,000
누적현금흐름	(280,000)	(180,000)	(100,000)	(40,000)	10,000	
				3＋0.8		

$$4\text{년차의 회수기간}=\frac{4\text{년차 필요절감액}}{4\text{년차 총절감액}}=\frac{₩40,000}{₩50,000}=0.8\text{년}$$

12 차이분석과 표준원가계산

객관식

01 ② [원가차이분석]

나. 직접재료원가 차이분석시 표준투입량은 실제생산량에 대한 표준투입량이다.

02 ⑤ [원가차이분석]

1) 직접재료원가 차이분석
가격차이＝(AP－SP)×AQ＝(₩60－50)×3,100kg＝₩31,000(불리)
수량차이＝(AQ－SQ)×SP＝(2,900kg－3kg×1,000개)×₩50＝₩5,000(유리)
2) 변동제조간접원가 차이분석
소비차이＝(AP－SP)×AQ＝(₩470－500)×8,000시간＝₩240,000(유리)
능률차이＝(AQ－SQ)×SP＝(8,000시간－7시간×1,000개)×₩500＝₩500,000(불리)
3) 고정제조간접원가 조업도차이
＝ 예산액 － 표준원가배부액
＝₩700,000－(₩700,000/800개)×1,000개＝₩175,000(유리)

03 ② [원가차이분석]

직접재료원가 가격차이를 어느 시점에 분리하든 직접재료원가 가격차이에 대한 책임은 구매담당자가 지는 것이 바람직하다.

04 ③ [직접재료원가차이]

실제사용량×실제가격	실제사용량×표준가격	표준수량×표준가격
2,300kg×₩19＝₩43,700	2,300kg×₩20＝₩46,000	1,100×2kg×₩20＝₩44,000

가격차이 ₩2,300(유리)   수량차이 ₩2,000(불리)

05 ② [직접재료원가차이]

가격차이 = 실제원가 − SP × AQ

₩25,000 = ₩150,000 − ₩250 × AQ

⇒ AQ = ₩125,000/₩250 = 500

수량차이 = (AQ − SQ) × SP

− ₩25,000 = (500 − 2Q) × ₩250

⇒ Q = 300

06 ⑤ [직접재료원가차이]

구입가격차이 = (실제가격 − 표준가격) × 구입량

구입량 = ₩12,600 ÷ (₩12 − 10) = 6,300kg

능률차이 = (실제사용량 − 표준사용량) × 표준가격

− ₩4,000 = (실제사용량 − 2,000개 × 3kg) × ₩10 ⇒ 실제사용량 = 5,600kg

∴ 기말재료재고수량 = 6,300kg(구입량) − 5,600kg(사용량) = 700kg

07 ② [직접재료원가차이]

실제사용량 × 표준가격	표준사용량 × 표준가격
3,500kg × ₩100/kg = ₩350,000	3,000kg × ₩100/kg = ₩300,000
수량차이 ₩50,000(불리)	

〈별 해〉

(3,500kg − 3,000kg) × ₩100/kg = ₩50,000(불리)

08 ③ [직접재료원가차이]

SQ = 2,800단위 × 2kg/단위 = 5,600kg

직접재료원가 수량차이 = ₩120,000(불리) = (AQ − 5,600) × ₩300/kg

AQ = 6,000kg

09 ② [직접재료 구입가격차이]

실제가격＝₩300,000/1,000＝₩300/kg

(a) 사용시점 가격차이＝(₩300－200)/kg×800kg＝₩80,000(불리)

(b) 구입시점 가격차이＝(₩300－200)/kg×1,000kg＝₩100,000(불리)

10 ① [직접재료 구입가격차이]

직접재료가격차이＝(₩9.5－10)×2,300kg＝₩1,150(유리)

직접재료수량차이＝(2,300kg－1,100단위×2kg)×₩10＝₩1,000(불리)

직접재료 실제원가＝₩9.5×2,300kg＝₩21,850 : 직접재료재고에서 차감

직접재료 표준원가＝₩20×1,100단위＝₩22,000 : 재공품재고에 가산

11 ③ [직접재료원가 구입가격차이와 수량차이]

AQ(구매량)×AP	AQ(구매량)×SP
3,000kg×₩310＝₩930,000	3,000kg×₩300＝₩900,000

구입가격차이 ₩30,000(불리)

AQ(사용량)×SP	SQ×SP
2,200kg×₩300 ＝₩660,000	2,400kg×₩300 ＝₩720,000

수량차이 ₩60,000(유리)

12 ③ [직접노무원가차이]

실제원가	SP×AQ	SP×SQ
		₩10×3시간×100단위＝₩3,000

₩700(유리) ₩500(불리)

실제원가＝₩3,000－700＋500＝₩2,800

13 ④ [직접노무원가차이]

능률차이 = (실제시간 − 표준시간) × 표준임률

− ₩160,000 = (8,600 − 9,000) × SR

SR = ₩400

14 ⑤ [직접노무원가차이]

SP × AQ	SP × SQ(변동예산)
₩12 × AQ	₩12 × 2시간 × 25,000단위
= ₩660,000	= ₩600,000

능률차이 ₩60,000(불리)

$$AQ = \frac{₩660,000}{₩12} = 55,000시간$$

15 ② [직접노무원가차이]

실제발생액		AQ × SP		표준시간 × 표준가격
20시간 × SP	>	20시간 × SP(₩485)	<	21시간 × ₩485
₩10,000		= ₩9,700(= ₩10,000 − 300)		

임률차이 ₩300(불리)　능률차이(21 − 20) × ₩485 = ₩485(유리)

16 ③ [직접노무원가차이]

변동예산 = 실제액 − 임률차이(불리) + 능률차이(유리)

= ₩1,378,000 − 53,000 + 50,000 = ₩1,375,000

= R × 5.5시간/단위 × 1,000단위

⇒ R = ₩250/시간

17 ② [직접노무원가차이]

실제발생액	실제노동시간×표준임률	표준원가 400개×5시간×표준임률
₩31,450	=₩27,750(=₩31,450−3,700)	=₩30,000(=₩27,750+2,250)
임률차이 ₩3,700(불리)		능률차이 ₩2,250(유리)

⇒ 표준임률=₩15

18 ④ [변동제조간접원가차이]

능률차이=(8,000시간−7,200시간)×SP=₩8,000 ∴ SP=₩10/시간

소비차이=₩130,000−8,000시간×₩10/시간=₩50,000(불리)

19 ① [변동제조간접원가차이]

실제액	<	실제작업시간기준 예산(AQ×SP)
₩170,000		₩185,000
소비차이 ₩15,000(유리)		

20 ③ [변동제조간접원가차이]

변동제조간접원가 소비차이

=실제발생액−실제투입시간에 허용된 표준변동제조간접원가

=₩3,257,000 − 3,450,000

=₩193,000(유리)

21 ② [변동제조간접원가차이]

소비차이=₩23,000−SP×10,400=−₩1,000−(2,000)=−₩3,000(유리)

⇒ SP=₩2.5

능률차이=₩2.5×(10,400−2×Q)=₩2,000

⇒ Q=4,800개

〈별 해〉

주어진 정보는 아래와 같다.

실제원가		SP×AQ		SP×SQ
₩23,000				SP×2×Q
	₩3,000(유리)=₩1,000−(−2,000)		₩2,000(불리)	

SP×10,400=₩23,000+3,000=₩26,000

⇒ SP=₩2.5

SP×SQ=₩2.5×2×Q=₩23,000+1,000=₩24,000

⇒ Q=4,800개

22 ③ [표준원가계산]

ㄱ. 표준원가계산은 변동원가계산에서도 적용이 가능하다.

ㄷ. 직접재료원가 능률차이는 재료를 사용하면서 발생하므로 사용시점에서 분리된다(보기의 표현이 어색하지만 옳지 않다고 보기는 어렵다).

ㄹ. 고정제조간접원가 예산차이는 실제발생제조간접원가와 고정제조간접원가의 차이이고, 실제투입량 변동예산과 실제산출량 변동예산은 동일하다.

23 ④ [고정제조간접원가차이]

변동제조간접원가 능률차이=(실제기계시간 − 표준기계시간)× 변동제조간접원가 배부율

₩75,000 =(800 − 표준기계시간)× ₩1,500,000/1,000

⇒ 표준기계시간=800−₩75,000/₩1,500=750

고정제조간접원가 조업도차이

=고정제조간접원가 예산액−고정제조간접원가 표준액

= ₩2,000,000 − 750×₩2,000,000/1,000 =₩500,000(불리)

24 ① [고정제조간접원가차이]

1월 고정제조간접원가 예산=1,500×SP(표준배부율)+₩1,000

=2월 고정제조간접원가 예산=2,000×SP −₩500

∴ SP=₩3

25 ① [고정제조간접원가차이]

예산액 < 배부액

표준배부율×기준조업도 SP×SQ

₩500,000 ₩10×52,000시간=₩520,000

조업도차이 ₩20,000(유리)

표준배부율(SP)=₩500,000/50,000시간=₩10

표준조업도(SQ)=26,000단위×2시간=52,000

26 ① [고정제조간접원가차이]

조업도차이=예산−배부액

5월 : ₩1,000=B−100×R(배부율) … ①

6월 : ₩600=B−120×R … ②

①−② : ₩400=20R R=₩20을 ①에 대입

B=₩1,000+100×₩20=₩3,000

27 ③ [고정제조간접원가차이]

실제액 / 예산 / 배부액

기준조업도×SP / 700단위×2시간×SP(₩10)

₩12,000 / =₩10,000(=₩12,000−2,000) / =₩14,000(=₩10,000+4,000)

예산차이 ₩2,000(유리) 조업도차이 ₩4,000(불리)

기준조업도 ₩10,000÷₩10/시간=1,000시간

28 ① [고정제조간접원가차이]

실제 > 예산(기준조업도) > 표준

100개×10시간×SP(₩200) / 실제생산량×10×₩200

₩220,000 / =₩200,000(=₩220,000−20,000) / =₩160,000(=₩200,000−40,000)

예산 ₩20,000(불리) 조업도 ₩40,000(불리)

실제생산량=80개

29 ⑤ [고정제조간접원가차이]

조업도차이

=고정제조간접원가 표준배부율×(기준조업도－실제생산량(Q)×단위당 표준직접노무시간)

$$= \frac{₩192,000}{48,000} \times (48,000 - Q \times 2)$$

=－₩6,000

$$Q = \frac{48,000 + 1,500}{2} = 24,750\text{단위}$$

30 ① [제조간접원가차이]

변동제조간접원가 능률차이

=(AQ－SQ)×변동제조간접원가 배부율

=(20,400시간－4,000단위×5시간)×₩100=₩40,000(불리)

고정제조간접원가 조업도차이=예산액－배부액

=₩720,000－4,000단위×₩720,000/2,000단위=₩720,000(유리)

31 ② [제조간접원가차이]

	AQ×AP	AQ×SP	SQ×SP(변동예산)	SQ×SP(배부액)
변동제조 간접원가	–	900×₩540*1 =₩486,000	824*4×₩540*1 =₩444,960	–
고정제조 간접원가	–	₩625,000	₩625,000	824*4×₩625*2 =₩515,000*3
		능률차이		조업도차이 ₩110,000(불리)

*1 변동제조간접원가 SP=₩540,000÷1,000=₩540
*2 고정제조간접원가 SP=₩625,000÷1,000=₩625
*3 고정제조간접원가 배부액=₩625,000－110,000=₩515,000
*4 SQ=₩515,000÷₩625=824

능률차이=₩486,000－444,960=₩41,040(불리)

32 ② [매출가격차이와 매출조업도차이]

단위당 표준공헌이익 = ₩200,000/10,000단위 = ₩20/단위

① 매출조업도차이 = 단위당 표준공헌이익 × (실제판매량 − 예상판매량)
= ₩20/단위 × (12,000단위 − 10,000단위)
= ₩40,000(유리)

② 영업이익 변동예산차이 = 실제영업이익 − 단위당 표준공헌이익 × 실제판매량
= ₩180,000 − 12,000단위 × ₩20/단위
= (−)₩60,000(불리)

③ 매출가격차이 = (실제판매가 − 표준판매가) × 실제판매량
= 실제매출액 − 표준판매가 × 실제판매량
= ₩624,000 − (₩500,000/10,000단위) × 12,000단위
= ₩24,000(유리)

④ 고정원가소비(예산)차이 = 고정원가실제액 − 고정원가 예산액
= (₩15,000 + 25,000) − (₩19,000 + 25,000)
= (−)₩4,000(불리)

⑤ 영업이익 고정예산차이 = 실제영업이익 − 고정예산 영업이익
= ₩136,000 − 160,000
= (−)₩24,000(불리)

33 ⑤ [시장점유율차이]

$$\text{단위당 평균표준공헌이익} = (₩180 - 120) \times \frac{3}{12} + (₩135 - 90) \times \frac{9}{12}$$

$$= ₩60 \times \frac{1}{4} + ₩45 \times \frac{3}{4} = ₩48.75$$

$$\text{실제시장점유율} = \frac{37,800 + 88,200}{1,050,000} = 12\%$$

$$\text{예상시장점유율} = \frac{30,000 + 90,000}{Q} = \frac{120,000}{Q}$$

시장점유율차이

$$= 단위당\ 표준공헌이익 \times (실제시장점유율 - 예상시장점유율) \times 실제시장규모$$

$$= ₩48.75 \times \left(0.12 - \frac{120{,}000}{Q}\right) \times 1{,}050{,}000$$

$$= ₩1{,}023{,}750$$

$$\Rightarrow 0.12 - \frac{120{,}000}{Q} = \frac{₩1{,}023{,}750}{₩48.75 \times 1{,}050{,}000} = 0.02$$

$$\Rightarrow \frac{120{,}000}{Q} = 0.1 \Rightarrow Q = 1{,}200{,}000$$

13 의사결정과 관련원가

객관식

01 ③ [관련원가]

02 ① [관련원가]

흠집이 있는 제품 C를 외부에 처분하는 의사결정에 관련된 항목은 증분수익인 매출액 증가분(5개 × ₩150/개)과 증분비용인 판매관리비 증가분(5개 × ₩12/개)이다. 따라서 ① 단위당 판매관리비 ₩12이 의사결정에 고려될 항목이다.

03 ④ [외부구입 의사결정]

[외부구입시 혜택]

변동제조원가 감소	(₩38 + 35 + 20)/개 × 10,000개 =	₩930,000
감독관 급여 회피	₩40/개 × 10,000개 =	400,000
공장부지 전용 이익		240,000
		₩1,570,000

무차별 외부구입가격 = ₩1,570,000/10,000개 = ₩157/개

04 ① [외부구입 의사결정]

자가생산 관련원가			외부구입 관련원가
10,000개 × ₩340	변동제조원가		10,000개 × ₩400
₩400,000	기회원가		
₩100,000	고정제조원가		
₩3,900,000		<	₩4,000,000

∴ 자가생산하는 것이 ₩100,000 유리하다.

05 ② [외부구입 의사결정]

	단위당 원가	자가제조 관련원가	
생산/구입수량		1,000	
직접재료원가	₩5	₩5,000	
직접노무원가	4	4,000	
변동제조간접원가	1	1,000	
감독자급여	3	3,000	
제품 B 기회원가		2,000	(=₩5,000−3,000)
합 계		₩15,000	

외부구입 관련원가=1,000×₩18=₩18,000

∴ 외부구입이 자가제조보다 ₩3,000 불리하다.

06 ① [외부구입 의사결정]

변동제조원가 절감	(=500개×₩70)	₩35,000
고정제조간접원가 절감	(=₩50,000×0.4)	₩20,000
임대수익		X
총계		₩35,000+20,000+X > 외부구입 ₩50,000

외부구입으로 매월 ₩10,000 이익을 얻으려면

₩35,000+20,000+X=₩60,000

∴ X=₩5,000

07 ② [외부구입 의사결정]

외부구입하면

원가절감액과 수익

변동제조원가 절감액 : 1,000개×₩60=	₩60,000
고정제조간접원가 절감액 : 1,000개×₩40×50%=	20,000
임대수익 :	10,000

원가증가액

외부구입가격 : 1,000개×₩95=	95,000
이익감소 :	₩5,000

08 ④ [외부구입 의사결정]

자가제조 관련원가			외부구입 관련원가
(₩120+175+80)×5개	변동제조원가		₩575×5개
₩625	기회원가		
₩100×5개	고정제조원가		
₩3,000		>	₩2,875

외부구입하면 ₩125 원가가 감소하고 이익이 증가한다.

09 ③ [외부구입 의사결정]

	자가제조		외부구입	
직접재료원가	₩700,000			
직접노무원가	500,000			
변동제조간접원가	300,000			
회피가능 고정제조간접원가	160,000	(=₩800,000×0.2)		
기회원가(임대료수익)	200,000			
	₩1,860,000	>	₩1,800,000	(=2,000×₩900)
증분이익		₩60,000		

10 ④ [외부구입 의사결정과 보조부문 상호지원]

S_2의 간접재료원가 감소		₩80,000
S_2의 감독자급여 감소		40,000
임대수익		24,000
S_1의 간접재료원가 감소	₩560,000×40단위/200단위=	112,000
용역구입원가	200단위×(1−0.1*)×₩1,400/단위=	(252,000)
증분이익		₩4,000

* S_1을 통한 S_2의 자가소비 비율=40단위/200단위×100단위/200단위=0.1

11 ① [특별주문 의사결정]

100개×₩12=	₩1,200
−100개×((₩4+2+2)+₩2)=	₩1,000
이익	₩200

∴ ₩200 증가

12 ④ [특별주문 의사결정]

공정 A의 생산능력이 550단위이고 기존 판매량이 500단위이므로, 특별주문 150단위를 위해 기존 판매량을 50단위 줄이고 공정 A 생산부품 50단위를 외부에서 공급한다.

증분수익	150단위 × ₩2,500		₩375,000
증분원가			360,000
공정 A 변동원가	100단위 × ₩700	70,000	
공정 A 생산부품 외부구입	50단위 × ₩1,500	75,000	
공정 B 변동원가	150단위 × ₩1,000	150,000	
기존 판매 50단위 포기에 따른 공헌이익 감소	50단위 × (₩3,000 − 700 − 1,000)	65,000	
증분이익			₩15,000

13 ④ [특별주문 의사결정]

		특별주문	
		단위당	50단위
매출액		₩1,800	
변동제조원가	(₩240,000 ÷ 2) ÷ 100 =	1,200	
변동판매관리비	[(₩60,000 ÷ 2) ÷ 100] × 0.8 =	240	
공헌이익		₩360	₩18,000 (= ₩360 × 50)

14 ⑤ [특별주문 의사결정]

증분수익	8,000개 × ₩4,600 =	₩36,800,000
증분비용		
	8,000개 × ₩3,200 =	25,600,000
	8,000개 × ₩600 =	4,800,000
		₩6,400,000

15 ④ [특별주문 의사결정]

매출액	₩180×100대＝	₩18,000
변동비	(₩86＋45＋9＋10)×100대＝	(15,000)
로고디자인비		(1,200)
기회비용	(₩200－140)×10대＝	(600)
		₩1,200

16 ③ [특별주문 의사결정]

증분수익 :	2,000단위×₩70＝	₩140,000
증분비용 :	2,000단위×(직접재료원가 ₩20＋직접노무원가 ₩15 ＋변동제조간접원가 ₩10)＝	90,000
	2,000단위×₩70×20%＝	28,000
		₩22,000

17 ② [특별주문 의사결정]

증분수익	1,500단위×₩220＝	₩330,000
증분원가		
변동제조원가	1,500단위×₩100＝	150,000
특수장치	1,500단위×₩30＝	45,000
변동판매비	1,500단위×₩30＝	45,000
증분이익		₩90,000

18 ③ [특별주문 의사결정]

특별주문 수락시 기회비용＝(₩1,000－500－100)×1,000단위＝₩400,000

최소판매가격＝단위당 증분원가＋단위당 기회원가

$$= ₩500+100 + \frac{₩400,000}{2,000\text{단위}} = ₩800/\text{단위}$$

19 ② [제약자원과 특별주문 의사결정]

	제품 X	제품 Y
기계시간당 공헌이익	$\frac{₩1,500-1,200}{2}$ = ₩150/시간	$\frac{₩1,000-800}{1}$ = ₩200/시간
필요기계시간	300×2=600시간	400×1=400시간

제품 Z의 단위당 기회원가

$$=\frac{\text{총기회원가}}{\text{Z 생산량}}=\frac{₩150\times200\text{단위}\times1.5\text{시간}}{200\text{단위}}=\frac{₩45,000}{200\text{단위}}$$

= ₩225

최소가격 = 단위당 증분원가 + 단위당 기회원가

= ₩900 + 225 = ₩1,125

20 ① [제약자원과 의사결정]

	제품 A	제품 B
단위당 공헌이익	₩270−190= ₩80	₩520−280= ₩240
시간당 공헌이익	₩80/4= ₩20	₩240/8= ₩30
시장수요량	8,000단위	5,000단위
필요한 최대시간	32,000시간	40,000시간

제품 B의 시간당 공헌이익이 더 크기 때문에 제품 B를 우선적으로 시장수요량만큼 생산한 후 남은 20,000시간으로 제품 A를 5,000단위(=20,000시간/4시간/단위) 생산한다.

21 ② [제약자원과 의사결정]

	제품 A	제품 B	제품 C
단위당 공헌이익	₩30	₩24	₩60
÷단위당 이용시간	2시간	1시간	3시간
기계시간당 공헌이익	₩15/시간	₩24/시간	₩20/시간
생산우선순위	3순위	1순위	2순위
최적 생산량 (9,000시간)	−	3,000단위 (3,000시간)	2,000단위 (6,000시간)

최대공헌이익=3,000단위×₩24+2,000단위×₩60=₩192,000

22 ② [제약자원과 의사결정]

	제품 A	제품 B	
단위당 판매가격	₩200,000	₩240,000	
단위당 변동비	120,000	150,000	
단위당 공헌이익	80,000	90,000	
단위당 소요기계시간	4시간	6시간	=단위당 변동제조간접원가 ₩5,000
기계시간당 공헌이익	₩20,000	₩15,000	
생산우선순위	1	2	
제품 수요량	700개	400개	

제품 A를 최대 700개 생산하면 700개×4시간=2,800시간을 소요한다.

연간 사용가능 기계시간이 3,700시간이므로

제품 B의 생산량=(3,700−2,800)시간÷6시간/개=150개

23 ① [제약자원과 의사결정]

	제품 A	제품 B	제품 C
단위당 판매가격	₩900	₩1,350	₩1,200
단위당 변동원가			
직접재료원가	160	320	200
기타변동원가	480	590	700
계	640	910	900
단위당 공헌이익	₩260	₩440	₩300
단위당 M투입량	4kg	8kg	5kg
M kg당 공헌이익	₩65	₩55	₩60
우선순위	1	3	2

따라서 이익극대화를 위해 제품 A와 C 각각 최대수요만큼 400단위를 생산・판매한다.

제품 A와 C의 직접재료 M 사용 후 남은 양=4,000−(4+5)×400=400이므로

제품 B의 생산량=400kg÷8kg/단위=50단위

24 ③ [제약자원과 의사결정]

	제품 A	제품 B	제품 C	계
단위당 판매가격	₩100	₩80	₩20	
×공헌이익률	24%	25%	60%	
단위당 공헌이익	₩24	₩20	₩12	
÷단위당 재료 K 사용량	3kg	5kg	2kg	
재료 K 단위당 공헌이익	₩8	₩4	₩6	
생산순위	1	3	2	
사전계약 물량에 사용	100단위×3kg =300kg	100단위×5kg =500kg	300단위×2kg =600kg	1,400kg
추가 수요량에 사용	400단위×3kg =1,200kg		400kg	1,600kg
생산량	500단위	100단위	300단위+400kg/2kg =500단위	

최대공헌이익=500단위×₩24/단위+100단위×₩20/단위+500단위×₩12/단위
=₩20,000

25 ③ [제약자원과 특별주문]

		특별주문	시장판매감소량
판매량		3,000	(350)
판매가격		₩8,000	₩10,000
단위당 변동제조원가	(₩7,000+500=)	7,500	7,000
단위당 변동판매관리비			1,000
단위당 공헌이익		₩500	₩2,000
공헌이익		₩1,500,000	(₩700,000)
고정판매관리비		300,000	
기회원가		700,000	
영업이익		₩500,000	

26 ④ [제약자원과 특별주문 의사결정]

	〈특별주문 전량 자체생산〉		〈특별주문 일부생산/일부구입〉	
	특별주문	정규시장	추가생산	외부구입
판매수량	1,000	(500)*	500	500
판매가격	₩30	₩40	₩30	₩30
단위당 직접재료원가	12	12	12	
단위당 직접노무원가	5	5	5	
단위당 변동제조간접원가	5	5	5	
단위당 변동판매비	(₩2×0.5=) 1	2	1	1
단위당 구입원가				25
단위당 공헌이익	₩7	₩16	₩7	₩4
총공헌이익	₩7,000	(₩8,000)	₩3,500	₩2,000
영업이익	(₩1,000)		₩5,500	

* 정규시장분＋특별주문량－최대능력＝부족량

9,500 ＋ 1,000 － 10,000 ＝ 500

특별주문 중 500단위 자체생산, 500단위 외부구입하면 이익을 ₩5,500 높일 수 있다.

27 ③ [제약자원과 특별주문]

	A필터	B필터	전 체
단위당 판매가격	₩840	₩1,280	
단위당 직접재료원가	₩290	₩400	
단위당 직접노무원가	100	150	
단위당 변동제조간접원가	80	160	
단위당 변동판매관리비	50	90	
단위당 변동원가	₩520	₩800	
단위당 공헌이익	₩320	₩480	
단위당 기계시간	2	4	
기계시간당 공헌이익	₩160	₩120	
생산우선순위	1순위	2순위	
시장수요량	2,500	1,500	
기계시간 할당	5,000	6,000	11,000
생산량	2,500	1,500	
공헌이익	₩800,000	₩720,000	₩1,520,000

		B필터 특별주문 500단위
기계시간 소요량	500×4=	2,000
기계시간 부족량		1,000
증분원가 ┌ 변동원가	500×₩800=	₩400,000
└ 기회원가		120,000*
증분이익		180,000
증분수익		₩700,000
단위당 특별주문 가격	₩700,000÷500=	₩1,400

* B필터 기존 판매량 감소분×단위당 공헌이익 $=\dfrac{1{,}000\text{시간}}{4\text{시간}}\times$ ₩480 = ₩120,000

28 ④ [새 제품 추가결정]

[이익증가변화]		[이익감소변화]	
유휴토지부담금 감소	₩25,000	기존 제품 총공헌이익 감소	₩80,000
고정판매비 감소	35,000	변동원가 증가 4,000×(₩34+4)	152,000
제품 F의 매출액	4,000단위×p		₩232,000
	4,000단위×p+₩60,000		

4,000p+₩60,000=₩232,000 ⇒ p=₩43

29 ③ [제품생산중단 결정]

회사이익 증감액= (−)₩20,000 + ₩30,000×50% =(−)₩5,000

(제품 C의 공헌이익 감소) (제품 A의 공헌이익 증가)

30 ⑤ [부문폐쇄 결정]

	B부문 증분분석
매출액	(₩300,000)
변동원가	(200,000)
공헌이익	(₩100,000)
회피가능 고정원가	
광고선전비	(60,000)
부문이익	(₩40,000)

C부문 이익 감소=₩280,000×0.2=₩56,000

전체 이익 감소=₩40,000+56,000=₩96,000

31 ② **[제품생산중단 결정]**

[이익증가변화]		
제품 B의 변동원가 감소분 (60,000단위 × ₩40/단위)	₩2,400,000	
제품 B의 추적가능 고정제조간접원가 감소분	1,800,000	
제품 A의 매출액 증가분 (15,000단위 × ₩120/단위)	1,800,000	₩6,000,000
[이익감소변화]		
제품 B의 매출액 감소분 (60,000단위 × ₩80/단위)	₩4,800,000	
제품 A의 변동원가 증가분 (15,000단위 × ₩69/단위)	1,035,000	5,835,000
[증분이익]		₩165,000

32 ② **[제품생산중단 결정]**

공헌이익 감소	₩280,000
고정원가 감소	−₩190,000
이익 감소	₩90,000

14 전략적 원가관리

객관식

01 ⑤ [전략적 원가관리 개념]

적시생산시스템(JIT)은 재고자산의 수준을 최소화시키며 안전재고의 수준을 대체로 낮게 설정한다.

02 ① [전략적 원가관리 개념]

초변동원가계산은 적시생산시스템과 관련이 없다.

03 ② [전략적 원가관리 개념]

카이젠원가계산은 제조단계에서의 원가절감에 초점을 맞추고 있다.

04 ② [전략적 원가관리 개념]

① 품질원가계산에서 품질관리계획수립, 품질관리보고서의 작성, 품질관리기술개발, 품질개선을 위한 토의원가 등은 품질원가 중 예방원가에 해당한다.
② 활동기준경영은 ABC원가를 사용하여 경영개선을 하는 관리법이다. 활동분석을 하여 부가가치활동과 비부가가치활동을 나누고, 부가가치활동들은 개선하고 비부가가치활동은 제거하거나 감소시키는 의사결정을 한다.
③ 카이젠원가계산은 제조단계에서의 지속적인 원가절감을 강조한다.
④ 적시재고시스템은 공장 내에 재고가 거의 없기 때문에 원가계산을 단순하게 하는 역류원가계산을 사용하기도 한다.
⑤ 제품수명주기원가계산은 제조이전단계에서 대부분의 제품원가가 결정된다는 인식을 토대로 연구개발 및 설계 단계에서 원가절감 방안 모색을 강조한다.

05 ④ [전략적 원가관리 개념]

활동기준경영에 대한 설명이다.

06 ③ [전략적 원가관리 개념]

예방원가가 아닌 평가원가에 대한 설명이다.

07 ④ [전략적 원가관리 개념]

① 제품제조이전단계 → 제품제조단계
② 목표원가계산은 생산이전단계에서의 원가절감을 강조한다.
③ 제조이전단계 및 제조이후단계의 원가절감을 포함한다.
⑤ 내부실패원가 → 외부실패원가

08 ⑤ [전략적 원가관리 개념]

원가기획(Target Costing ; 목표원가계산)이란 제품개발 및 설계단계부터 원가절감을 위한 노력을 기울여 목표원가를 달성하고자 하는 기법을 말한다.

09 ③ [전략적 원가관리 개념]

ㄴ : 목표원가계산은 생산이전단계에서의 원가절감방안 모색에 초점을 맞춘다.
ㄷ : 경영자와 공학자보다는 작업자가 더 크게 공헌한다고 본다.

10 ① [JIT 원가-효익 분석]

Ⅰ. 증분수익		
임대료수익 : ₩4,000,000×2=	₩8,000,000	
재고부족 기회비용 : 200개×₩20,000=	(4,000,000)	₩4,000,000
Ⅱ. 증분비용		
주문원가 증가	₩5,000,000	
창고운영비 등 절감	(500,000)	
파손비 절감 : ₩75,000,000×1%=	(750,000)	
자금비용 절감 : ₩75,000,000×5%=	(3,750,000)	0
Ⅲ. 증분이익		₩4,000,000

11 ④ [품질원가]

내부실패원가 : 불량품 재작업원가, 불량품 폐기원가, 공손원가, 설비 고장수리비

12 ③ [품질원가]

외부실패원가는 제품이 고객에게 인도된 후 불량으로 발견된 경우 발생된 원가이다. 보기의 예로는 제품보증수리활동, 고객서비스센터활동, 판매기회 상실로 인한 기회비용이 외부실패원가이다. 그러므로

외부실패원가＝₩21,000＋6,000＋18,000＝₩45,000

13 ② [품질원가]

예방원가 : 우수협력업체 선정원가, 직원 품질교육 훈련비, 예방적 설비 유지보수비, 설계개선원가

14 ⑤ [품질원가]

예방 및 평가 원가가 증가하면 실패원가는 감소한다.

15 ① [품질원가]

품질원가는 생산자 품질이라고 할 수 있는 적합품질과 관련된 것이다.

16 ① [품질원가]

	예방원가	평가원가	내부실패원가	외부실패원가
원재료검사		₩40		
반품 재작업				₩10
재공품 검사		50		
납품업체 평가	₩90			
공손품 재작업			₩10	
설계엔지니어링	20			
보증수리원가				70
예방적 설비유지	30			
반품 재검사				20
품질교육훈련	60			
	₩200	₩90	₩10	₩100

17 ② [품질원가]

		현 재	변 화	변화 후
예방원가	₩5,400+2,300=	₩7,700	₩3,850	
평가원가	₩10,200+3,200=	13,400		
내부실패원가	₩6,100+7,400=	13,500	−2,700	
외부실패원가	₩24,700+9,300=	34,000	−3,400	
		₩68,600	−₩2,250	₩66,350

18 ② [품질원가]

예방원가=₩500(납품업체 평가)+₩1,000(품질교육훈련)=₩1,500

외부실패원가=₩2,000(보증수리원가)+₩1,000(반품 재작업)=₩3,000

품질원가증감액=₩1,500×50%−₩3,000×40%=−₩450

19 ④ [품질원가]

		통제원가		실패원가	
		예방원가	평가원가	내부실패	외부실패
생산판매수량	6,000				
판매단가	₩1,500				
단위당 변동원가	800				
단위당 공헌이익	₩700				
제품설계시간	1,000				
제품설계 노무임률	× ₩80				
제품설계원가	₩80,000	₩80,000			
단위당 시험검사시간	0.5				
시험검사시간 0.5×6,000=	3,000				
시험검사 노무임률	× ₩60				
시험검사 원가	₩180,000		₩180,000		
재작업률	10%				
재작업수량	600				
단위당 재작업원가	× ₩400				
총재작업원가	₩240,000			₩240,000	
보증수리비율	5%				
보증수리량	300				
단위당 수리원가	× ₩500				
총수리원가	₩150,000				₩150,000
품질불량 상실 추정판매량	400				
단위당 공헌이익	× ₩700				
공헌이익 상실액	₩280,000				280,000
소 계		₩80,000	₩180,000	₩240,000	₩430,000

총계 ₩930,000

20 ③ [제약이론]

재료처리량 공헌이익(throughput contribution)은 매출액에서 직접재료비만 차감한다.

21 ② [제약이론]

제약공정인 마무리공정의 처리능력 단위당 재료처리량 공헌이익은 ₩50,000(=₩90,000−40,000)이므로 최신설비 설치에 따른 증분이익은 다음과 같다.

Ⅰ. 증분수익	
재료처리량 공헌이익 증가 : ₩50,000×100단위＝	₩5,000,000
Ⅱ. 증분비용	
설비원가	4,000,000
Ⅲ. 증분이익	₩1,000,000

22 ⑤ [제약이론]

제약공정인 마무리공정에서 불량품이 발생했으므로 ₩90,000×200단위＝₩18,000,000의 총손실이 발생한다.

23 ⑤ [제약이론]

불량품 발생은 원가에 영향이 없이 매출만 감소시키므로 이익은 100단위 매출액 ₩5,000(＝100단위×₩50)만큼 감소한다.

24 ⑤ [제약이론]

	장비제조	장비설치	시장판매
연간 처리능력	400	300	
연간 제조설치량	300	300	300
여유생산능력	100	0	
공정 성격	여유공정	병목공정	

판매가격	₩40,000
단위당 직접재료원가	30,000
단위당 재료처리공헌이익	₩10,000

① 추가원가		₩300,000
증분공헌이익	₩10,000×20＝	200,000
영업손실		(₩100,000)
② 외부구입원가	₩10,000×30＝	₩300,000
증분공헌이익	(판매량 변화 ×)	0
영업손실		(₩300,000)

③ 추가원가		(₩550,000)
증분공헌이익	₩10,000×50=	500,000
영업손실		(₩50,000)

④ 증분설치원가	₩12,000×30=	₩360,000
증분공헌손실	₩10,000×30=	300,000
영업손실		(₩60,000)

⑤ 증분원가	₩700,000	₩700,000
증분매출액*	₩40,000×20=	800,000
영업이익		₩100,000

* 직접재료원가는 변하지 않는다.

25 ① [제약이론]

제1공정이 제약공정이다.

수익증가	1,000×₩120×0.95=	₩114,000
변동원가증가	1,000×(₩20+10)=	30,000
고정원가증가		80,000
이익증가		₩4,000

26 ① [수명주기원가계산]

제품수명주기 중에서 생산이전 단계인 연구·개발 및 설계 단계에서 대부분(약 80~85%)의 제품원가(고착원가 또는 구속원가)가 결정되므로 제품수명주기원가계산은 연구·개발 및 설계 단계에서부터 원가절감을 위한 노력을 기울여야 한다는 것을 강조한다.

27 ② [수명주기원가계산]

제조 이전 단계에서 대부분의 제품원가가 결정된다는 인식을 토대로 연구개발 및 설계 단계에서 원가절감을 위한 노력을 기울여야 한다는 것을 강조한다.

15 불확실성과 의사결정

객관식

01 ① [불확실성에서의 원가-조업도-이익 분석]

단위당 공헌이익＝판매가(P)×0.4＝P－₩225 ⇒ P＝₩375

목표판매량＝(₩630,000＋120,000)÷(₩375－225)＝5,000

$$확률(Q\geq 3{,}400)=\frac{6{,}000-5{,}000}{6{,}000-2{,}000}=0.25$$

02 ① [불확실성에서의 원가-조업도-이익 분석]

※ 불확실한 판매량에 대해 이익이 선형관계를 가지므로(이익＝단위당 공헌이익×판매량－고정원가), 기대이익을 계산할 때 기대판매량의 이익을 구하는 것이 편리하다. 만약 불확실한 변수에 대해 이익이 비선형관계를 가지면 각 경우의 이익을 구한 후 확률을 적용하여 기대이익을 구해야 한다.

기대이익＝ 단위당 공헌이익 × 기대판매량

＝(₩70－20－30－10)/개 × 38,000개* ＝₩380,000

* 기대판매량＝50,000개×20%＋40,000개×40%＋30,000개×40%
＝38,000개

기대이익 증가＝₩380,000－350,000＝₩30,000

03 ② [불확실성에서의 원가-조업도-이익 분석]

광고 전 평균판매량＝(1,200단위＋1,800단위)/2＝1,500단위

광고 후 평균판매량＝(1,500단위＋2,000단위)/2＝1,750단위

기대영업이익 증가＝(1,750단위－1,500단위)×(₩50－20－5)－₩5,000＝₩1,250

04 ④ [불확실성에서의 원가-조업도-이익 분석]

BEP Q = ₩750,000/(₩1,000 − 500) = 1,500단위

$$Z = \frac{\text{손익분기점 수량} - \text{기대판매량}}{\text{표준편차}}$$

P(Q > BEP Q) = P(Q > 1,500) = P(Z > ((1,500 − 2,100)/400))

= P(Z > −1.5) = P(Z < 1.5) = 93%

05 ③ [불확실성에서의 원가-조업도-이익 분석]

단위당 공헌이익 = (매출액 − 총변동비) ÷ 판매량

= (₩240,000 − 135,000) ÷ 3,000단위 = ₩35/단위

기대증분판매량 = 400 × 60% + 200 × 40% = 320

기대증분이익 = 320단위 × ₩35/단위 − ₩10,000 = ₩1,200

06 ④ [기대이익 최대화]

예상판매량 = 300 × 60% + 200 × 40% = 260

단위당 공헌이익 = (₩282,000 − 147,000)/300 = ₩45

기대이익 증가액 = 260단위 × ₩45 − ₩10,000 = ₩1,700

07 ③ [기대영업이익 최대화]

판매량을 Q라고 할 경우 각 방안의 기대이익

방안 1 : (₩40,000 − 30,000) × Q − ₩8,000,000 = ₩10,000Q − ₩8,000,000

방안 2 : (₩40,000 − 30,000 − 40,000 × 10%) × Q − ₩2,000,000

= ₩6,000Q − ₩2,000,000

대 안	1,000단위 판매 (40%)	2,000단위 판매 (60%)	기대영업이익
방안 1	₩2,000,000	₩12,000,000	₩8,000,000
방안 2	4,000,000	10,000,000	7,600,000

방안 1을 선택하며, 그 기대영업이익은 ₩8,000,000이다.

08 ① [기대이익 최대화]

[경우별 이익(2Q)－₩200,000]

방 안	수요량(Q)					기대이익
	50,000	100,000	200,000	300,000	400,000	
하늘색(확률)	(0.0)	(0.2)	(0.2)	(0.4)	(0.2)	
	(₩100,000)	₩0	₩200,000	₩400,000	₩600,000	₩320,000
핑크색(확률)	(0.1)	(0.1)	(0.2)	(0.2)	(0.4)	
	(₩100,000)	₩0	₩200,000	₩400,000	₩600,000	₩350,000
						₩30,000

〈별 해〉

두 제품의 원가구조가 같으므로 확률차이에 공헌이익 차이만 비교하면 된다.

수요량	50,000	100,000	200,000	300,000	400,000
공헌이익(2Q)	₩100,000	₩200,000	₩400,000	₩600,000	₩800,000
하늘색(확률) －핑크색(확률)(△P)	－0.1	0.1	0	0.2	－0.2

2Q×△P＝－₩10,000＋20,000＋0＋120,000－160,000＝－₩30,000

09 ② [기대현금흐름의 비교]

보험 가입시 현금유입액＝3억원－1억원(보험료)＝2억원

보험 미가입시 현금유입액＝－7억원×p(우승가능성)＋3억원×(1－p)

＝3억원－10억원×p

2억원＞3억원－10억원×p

∴ p＞10%

10 ② [차이조사결정]

(단위 : 백만원)

	이 익*		기대이익
	서리 있음	서리 없음	
서리보호 있음	₩9	₩6	₩9p + ₩6(1 − p)
서리보호 없음	4	6	4p + 6(1 − p)
확 률	p	1 − p	

* 서리보호 대가를 차감하기 전의 이익이다.

서리보호의 가치

= 서리보호 있음의 기대이익 − 서리보호 없음의 기대이익

= [₩9,000,000p + ₩6,000,000(1 − p)] − [₩4,000,000p + ₩6,000,000(1 − p)]

= ₩5,000,000p

서리보호의 순가치 = 서리보호의 가치 − 서리보호대가

= ₩5,000,000p − ₩1,000,000 ≥ 0

$\Rightarrow p \geq 0.2$

11 ② [완전정보의 가치]

완전정보에서의 기대이익 : $\left[(₩10-6)\times\frac{1}{6}+(₩10-9)\times\frac{1}{3}\right]\times100=$ ₩100

기존정보에서의 기대이익 : ₩0

* 단위당 변동제조원가의 기댓값

$₩6\times\frac{1}{6}+₩9\times\frac{1}{3}+₩12\times\frac{1}{6}+₩15\times\frac{1}{3}=₩11$ > 특별주문판매가 ₩10

따라서 특별주문을 거절한다.

완전정보의 기대가치(EVPI) : ₩100

12 ③ [완전정보의 가치]

※ 미리 준비한 김밥이 팔리지 않으면 버리므로 원가는 준비량에 비례하고 매출은 판매량에 비례한다. 판매량은 수요량과 준비량 중 작은 양이다. 수요가 없으면 못 팔고, 수요가 있어도 김밥이 없으면 못 판다.

* 이익 = ₩1,000 × 판매량 − ₩400 × 준비량
= ₩1,000 × min[수요량, 준비량] − ₩400 × 준비량

[기존정보에서의 기대이익]

	이 익*			기대이익
	2,500개 수요	3,000개 수요	3,500개 수요	
2,500개 준비	₩1,500,000	₩1,500,000	₩1,500,000	₩1,500,000
3,000개 준비	1,300,000	1,800,000	1,800,000	1,600,000
3,500개 준비	1,100,000	1,600,000	2,100,000	1,550,000
확 률	0.4	0.3	0.3	

완전정보에서의 기대이익 = ₩1,500,000 × 0.4 + ₩1,800,000 × 0.3 + ₩2,100,000 × 0.3
= ₩1,770,000

완전정보의 (기대)가치 = 완전정보에서의 기대이익 − 기존정보에서의 최대기대이익
= ₩1,770,000 − 1,600,000
= ₩170,000

13 ⑤ [완전정보의 가치와 예측오류의 원가]

① 〈이익성과표〉 이익 = ₩500 × min[생산량, 판매량] − (생산량 × ₩200)

생산량 \ 판매량	500(0.4)	600(0.3)	700(0.3)	기대이익
500	₩150,000	₩150,000	₩150,000	₩150,000
600	130,000	180,000	180,000	160,000
700	110,000	160,000	210,000	155,000

기존정보하의 기대이익은 ₩160,000이다. 문제에서 기존/완전정보하의 기대가치라는 표현보다는 기대이익이라는 표현이 더 정확하다.

② 600개 생산

③ 완전정보하의 기대이익 = ₩150,000 × 0.4 + ₩180,000 × 0.3 + ₩210,000 × 0.3
= ₩177,000

④ 완전정보하의 기대가치 = ₩177,000 − 160,000 = ₩17,000

⑤ 600개를 생산하고 500개를 판매하면 이익이 ₩130,000이고, 500개를 생산하고 500개를 판매하였다면 이익이 ₩150,000이니 ₩20,000이 예측오차의 원가이다.

14 ⑤ [완전정보의 가치]

i) 방식 A와 B의 기대가치를 각각 $E(a_1)$, $E(a_2)$라 하면,

$E(a_1) =$ ₩100,000 $\times 0.4 +$ ₩60,000 $\times 0.6 =$ ₩76,000

$E(a_2) =$ ₩150,000 $\times 0.4 +$ ₩40,000 $\times 0.6 =$ ₩84,000

따라서 완전정보가 주어지지 않은 경우에는 방식 B를 선택해야 하고 이때의 기대가치는 ₩84,000이다.

ii) 완전정보하의 기대이익 : ₩150,000 $\times 0.4 +$ ₩60,000 $\times 0.6 =$ ₩96,000

완전정보하의 기대이익 : ₩150,000 × 0.4 + ₩60,000 × 0.6 =	₩96,000
기존정보하의 기대이익	84,000
완전정보의 기대가치(EVPI)	₩12,000

15 ① [완전정보의 가치]

예측오류의 원가 기댓값, 즉 완전정보의 가치를 묻는 문제이다.

i) 자본집약적 설비와 노동집약적 설비의 원가를 각각 $C(a_1)$, $C(a_2)$라 하면,

$C(a_1) =$ ₩4,000 $\times Q$(생산량) $+$ ₩1,000,000

$C(a_2) =$ ₩7,000 $\times Q +$ ₩200,000

ii)

생산량	100	200	300	400	원가의 기댓값 (각 상황의 원가 ×확률의 합)
확 률	40%	30%	20%	10%	
$C(a_1)$	₩1,400,000	₩1,800,000	₩2,200,000	₩2,600,000	₩1,800,000
$C(a_2)$	900,000	1,600,000	2,300,000	3,000,000	1,600,000

따라서 완전정보가 주어지지 않은 경우에는 노동집약적 설비를 선택해야 하고 원가의 기댓값은 ₩1,600,000이다.

iii) 완전정보하의 원가의 기댓값 :

₩900,000 × 0.4 + ₩1,600,000 × 0.3 + ₩2,200,000 × 0.2 + ₩2,600,000 × 0.1 =	₩1,540,000
기존정보하의 원가의 기댓값	1,600,000
완전정보의 기대가치(EVPI)	₩60,000

16 ② [완전정보의 가치]

	미래발생사건		불확실성하의 의사결정
	정상	비정상	
대안	60%	40%	기대비용
조사함	₩20,000	₩20,000 + 30,000	₩32,000(=₩20,000×0.6+₩50,000×0.4) ⇐ 최적 의사결정
조사 안 함	₩0	₩90,000	₩36,000

완전정보에서는 정상이면 조사하지 않고 비정상이면 조사 후 교정한다.

이때의 기대비용=₩50,000×0.4=₩20,000

완전정보의 최대금액=₩32,000−20,000=₩12,000

17 ② [완전정보의 가치]

예측오류의 원가

	S_1 (0.4)	S_2 (0.6)	기대원가
A	0	K−₩1,000	0.6K−₩600
B	₩9,000−7,000=₩2,000	0	₩2,000×0.4=₩800

완전정보의 가치=0.6K−₩600=₩600

⇒ K=₩2,000

18 ⑤ [불완전정보의 가치]

의사결정시의 각 행동대안은 모두가 실현가능하다고 가정한다.

19 ③ [불완전정보의 가치]

1) 무정보의 의사결정

대 안	호황(S_1)	불황(S_2)	기대이익	최적대안
	60%	40%		
제품 A	₩1,200	₩900	₩1,080	제품 A
제품 B	850	1,100	950	

2) 불완전정보의 기대가치

불완전정보	R1		R2		
최적대안	제품 A		제품 B		
최적대안의 기대이익	₩1,157		₩1,032		
정보입수확률	× 56%		× 44%		
불완전정보하의 기대이익	₩648	+	₩454	=	₩1,102
무정보하의 기대이익					1,080
불완전정보의 최대가격					₩22

16 성과평가

객관식

01 ③ [성과평가]

내부 프로세스 관점의 성과지표는 학습과 성장 관점의 성과지표의 후행지표의 성격을 띤다.

02 ④ [성과평가]

학습과 성장 관점에 대한 설명이다.

03 ⑤ [성과평가]

① 투자수익률 : 투자방안의 투자수익률이 투자중심점의 투자수익률보다 낮을 경우에 회사의 최저필수수익률보다 높더라도 투자를 기각하여 준최적화의 문제가 발생한다.
② 잔여이익 : 투자규모를 반영한 절대액으로 평가한다.
③ 투자수익률과 잔여이익 : 두 방법에서 최적 투자안이 다를 수 있다.
④ 균형성과표 : 비영리조직은 영리조직과 관점의 수와 명칭을 다르게 가지는 경우가 있다.
⑤ 경제적 부가가치 : 경제적 부가가치의 주요 특징이다.

04 ⑤ [성과평가]

① 투자이익률은 사업단위의 성과평가와 개별 투자안의 성과평가에 적용할 수 있다.
② 잔여이익은 최저요구수익률에 평가대상의 위험을 반영한다.
③ 투자이익률이 투자규모가 다른 사업부의 성과를 비교·평가하기가 쉽다.

④ 상대평가는 공통의 통제 불가능한 요소가 성과평가에 미치는 영향을 쉽게 제거한다.

05 ② [책임회계]

고정예산이란 하나의 특정조업도(목표조업도)를 기준으로 사전에 편성된 예산으로, 사후에 실제조업도가 특정조업도와 일치하지 않더라도 바뀌지 않는 예산을 말한다. 변동예산이란 실적과 비교하기 위해, 실제조업도의 변동에 따라 조정되어 편성되는 예산을 말한다.

06 ③ [책임회계]

배분된 고정제조간접원가는 공통원가를 단순히 배분한 것이기 때문에 해당 중심점의 경영자가 통제할 수 없는 원가이다. 그러므로 통제가능원가에 포함되지 않는다.

07 ⑤ [투자수익률]

총자산이익률＝이익/총자산＝(매출－변동원가－고정원가)/총자산

＝(15,000단위 × x － 15,000단위 × ₩140 － ₩490,000)/₩2,000,000＝0.16

x ＝ ₩194

08 ① [투자수익률]

영업이익/총자산＝ ₩240,000/x ＝30%

x ＝ ₩800,000

⇒ ₩1,000,000－800,000＝ ₩200,000

09 ③ [투자수익률]

사업부	매출액이익률×자산회전율＝투자수익률		
	매출액이익률	자산회전율	투자수익률
X사업부	10%	4회	40%
Y사업부	10%	6회	60%
Z사업부	7%	5회	35%

10 ② [투자수익률과 잔여이익]

		투자수익률		잔여이익
투자액		₩2,500,000		₩2,500,000
투자수익률		× 10%		
영업이익		₩250,000	⇒	₩250,000
(−) 잔여이익				25,000
최저필수이익				₩225,000
최저필수수익률	₩225,000/2,500,000 =			9.0%

11 ② [투자수익률과 잔여이익]

		부문 A	부문 B	
영업이익	(₩600,000 × 0.2 =)	₩120,000	₩162,000	
평균영업자산		600,000	900,000	(= ₩162,000 ÷ 0.18)
투자수익률		20%	18%	
최소요구수익률		15%	15%	
최소요구이익	(₩600,000 × 0.15 =)	₩90,000	₩135,000	(= ₩900,000 × 0.15)
잔여이익	(₩120,000 − 90,000 =)	₩30,000⑤	③₩27,000	(= ₩162,000 − 135,000)
영업자산회전율		5.0	4.5	
매출액	(₩600,000 × 5 =)	₩3,000,000④	②₩4,050,000	(= ₩900,000 × 4.5)
매출액이익률	$\left(\frac{₩120,000}{₩3,000,000}=\right)$	4.0%	① 4.0%	$\left(=\frac{₩162,000}{₩4,050,000}\right)$

12 ⑤ [투자수익률과 잔여이익]

	사업부 A	사업부 B	사업부 C	사업부 D
평균영업자산 (가)	₩750	₩840	₩800	₩800
영업이익 (나)	210	210	220	210
투자수익률 (나/가)	28.0%	25.0%	27.5%	26.3%
순위	1	4	2	3
최저필수수익률 (다)	10%	10%	12%	10%
최저필수이익 (다×가)	₩75	₩84	₩96	₩80
잔여이익 (나−다×가)	135	126	124	130
순위	1	3	4	2

13 ④ [투자수익률과 잔여이익]

① 투자이익률(A) $= \frac{₩32,000}{₩100,000} = 32\%$

투자이익률(B) $= \frac{₩30,000}{₩50,000} = 60\%$ ⇒ 가장 우수

투자이익률(C) $= \frac{₩21,000}{₩50,000} = 42\%$

② 잔여이익(A) = ₩32,000 − ₩100,000 × 0.2 = ₩12,000
잔여이익(B) = ₩30,000 − ₩50,000 × 0.2 = ₩20,000 ⇒ 가장 우수
잔여이익(C) = ₩21,000 − ₩50,000 × 0.2 = ₩11,000

③ 잔여이익 증가 = ₩10,000 − ₩40,000 × 0.2 = ₩2,000

④ 투자이익률(투자안) $= \frac{₩10,000}{₩40,000} = 25\% < 32\%$ ⇒ 투자 안 함

⑤ 투자이익률(투자안) = 25% > 20%(자본비용) ⇒ 투자함

14 ④ [투자수익률과 잔여이익]

투자수익률 $= \frac{1,000\text{단위} \times (P - ₩100) - ₩200,000}{₩500,000} \geq 20\%$

$P \geq ₩400$

잔여이익 = 1,000단위 × (P − ₩100) − ₩200,000 − ₩500,000 × 15% ≥ 0

$P \geq ₩375$

15 ② [투자수익률과 잔여이익]

	A사업부	B사업부
투자액 ㉠	₩250,000,000	₩300,000,000
영업이익 ㉡	₩20,000,000	₩22,500,000
투자수익률 ㉡/㉠	8%	7.5%
잔여이익 ㉡−㉠×6%	₩5,000,000	₩4,500,000

16 ③ [잔여이익]

잔여이익	=영업이익−투자액×최저필수수익률	
기존사업 잔여이익	=₩200,000−₩625,000×15%=	₩106,250
신규 투자안 잔여이익	=(₩200,000×60%−₩90,000)−₩120,000×15%	
	=₩30,000−18,000=	12,000
총잔여이익		₩118,250

17 ① [잔여이익과 경제적 부가가치]

영업이익=(₩550−200)×2,000−₩400,000=₩300,000

RI=₩300,000−15%×₩1,000,000=₩150,000

EVA=₩300,000×(1−0.4)−10%×₩1,000,000=₩80,000

18 ① [경제적 부가가치]

	총자산	₩2,000,000	
(−)	유동부채	500,000	
	투하자본	₩1,500,000	
(×)	가중평균자본비용	11%	
	투하자본 사용대가	₩165,000	
	세전영업이익	₩400,000	
(×)	법인세율	30%	
	세후영업이익	₩280,000	
	경제적 부가가치	₩115,000	=₩280,000−165,000

19 ⑤ [경제적 부가가치]

	유동자산	₩12,000
	비유동자산	8,000
	자산총액	₩20,000
(−)	유동부채	6,000
	투하자본	₩14,000

가중평균자본비용 = [10% × (1 − 0.3) + 14%] ÷ 2 = 10.5%
경제적 부가가치 = ₩4,000 × (1 − 0.3) − ₩14,000 × 10.5% = ₩1,330

20 ② [경제적 부가가치]

투하자본	시장가치	자본비용	
타인자본	₩6,000,000	10%	
자기자본	9,000,000	15%	
투하자본 계	₩15,000,000	11.4%	$= 10\% \times (1 - 0.4) \times \frac{6}{15} + 15\% \times \frac{9}{15}$

	총자산	₩2,000,000
(−)	유동부채	500,000
	투하자본	₩1,500,000
(×)	가중평균자본비용	11.4%
	최저필수이익	₩171,000
	세전영업이익	₩400,000
	법인세율	40%
	세후영업이익	₩240,000
(−)	최저필수이익	171,000
	경제적 부가가치	₩69,000

21 ③ [예산과 균형성과표]

참여예산제도의 문제가 예산슬랙이 발생할 가능성이다.

22 ③ [균형성과표]

균형성과표(BSC)는 기업의 성과를 재무적 측면뿐만 아니라 비재무적이고 질적인 측면에서 평가할 수 있는 새로운 성과평가제도라고 해서 비재무적 측정치에 대하여 객관적이고 업종을 불문하고 정형화된 측정수단까지 제공하지는 않는다.

23 ① [균형성과표]

전사적인 BSC는 상부조직의 BSC를 먼저 수립한 후 상의하달식으로 구축한다.

24 ① [균형성과표]

비재무적 성과측정치는 선행지표, 재무적 성과측정치는 후행지표이다.

25 ③ [균형성과표]

① 균형성과표(BSC)는 영리기업뿐 아니라 비영리기업, 공기업에서도 사용된다.
② 외부 프로세스 관점이 아닌 내부 프로세스 관점이다.
④ 영리기업의 경우에 최종적으로 재무적 관점으로 연계되어야 한다.
⑤ 학습과 성장 관점의 성과지표는 개인의 역량개발, 종업원만족도, 이직률, 훈련시간 등이다. 서비스 완료시간은 내부 프로세스나 고객 관점의 지표이다.

26 ④ [균형성과표]

비재무적 성과측정치가 재무적 성과측정치의 선행지표가 된다.

27 ⑤ [균형성과표]

종업원 만족도, 이직률 지표는 학습과 성장 관점 지표이다.

17 사내대체가격

객관식

01 ⑤ [성과평가와 사내대체가격]

① 공통고정원가는 통제가능원가가 아니기 때문에 책임회계제도에서 각 책임중심점에 배부되어서는 안 된다.

② 판매부문은 수익중심점이나 이익중심점에 속한다.

③ 시장이 경쟁적이고 기업 내부의 사업부서간에 상호의존도가 적을 경우 시장가격에 기초하여 사내대체가격을 결정하는 것이 합리적이다.

④ 절대평가가 아닌 상대평가에 대한 설명이다.

02 ③ [사내대체가격의 결정방법]

③ 협상가격기준에 대한 설명이다.

구 분	시장가격기준	원가기준	협상가격기준
목표일치성 달성	시장이 경쟁적일 때 가능함	종종 가능하나 언제나 가능한 것은 아님	가능함
하위단위 성과평가시 유용	시장이 경쟁적일 때 유용함	이전가격이 전부원가를 초과하지 않으면 어려움. 다소 자의적임	유용하나 이전가격이 협상력에 따라 영향을 받음
경영노력에 대한 동기부여	동기부여함	예산원가에 근거하면 가능함. 실제원가에 근거하면 원가를 통제할 유인이 적음	동기부여함
자율성 유지	시장이 경쟁적일 때 가능함	규칙에 근거하기 때문에 불가능함	하위단위간 협상에 근거하기 때문에 가능함
기타요소	시장이 존재하지 않거나 시장이 불완전할 수 있음	제품 또는 서비스의 전부원가를 결정할 때 유용함. 적용하기 쉬움	협상에 시간이 다소 걸리고, 상황이 변동함에 따라 주기적으로 검토할 필요가 있음

03 ① [사내대체가격의 결정방법]

② 목표일치성은 원가기준 이전가격에서 불가능하다.
③ 하위단위 성과평가에 원가기준 이전가격은 유용하지 않다.
④ 하위단위 자율성 유지가 협상이전가격에서 가능하다.
⑤ 협상이전가격은 적용이 용이하지 않다.

04 ② [사내대체가격의 결정방법]

전부원가에 제품의 단위당 공헌이익이 아닌 일정한 이익을 더해준다.

05 ③ [사내대체가격제도의 개념]

이익중심점인 중간사업부로 하여금 공정개선 및 기술혁신을 통한 원가절감을 이루도록 하기 위해서는 시장가격보다 변동원가를 포함한 단위당 제품원가를 이전가격으로 채택하는 것이 효과적이다.

06 ① [최소사내대체가격]

최소대체가격＝단위당 변동비＋기회비용
A사업부는 B사업부가 필요로 하는 열연강판 수요를 충족시킬 수 있는 유휴생산능력을 보유하는 경우이므로 기회비용과 판매비가 발생하지 않는다.
그러므로 최소대체가격은 단위당 변동비인 ₩2,000이다.

07 ① [최소사내대체가격]

부품부문에 유휴생산능력이 없으므로 사내대체물량만큼 외부판매를 포기한다.
최소사내대체가격＝외부판매가격－절감 변동판매관리비＝₩180－20＝₩160

〈별 해〉
단위당 변동제조원가＋단위당 변동판매관리비
　－단위당 기회원가(외부판매 단위당 공헌이익)
＝(₩20＋40＋40)－₩0－(₩180－20－40－40－20)＝₩160

08 ② [최소사내대체가격]

(대안 1) 이익=(₩1,400−900)×1,000=₩500,000

(대안 2) 이익=(₩1,600−900)×600+(X−₩900)×400=₩500,000

∴ 대체가격(X)=₩1,100

09 ④ [최소사내대체가격]

단위당 최소판매가격=₩120+10+1.5×(₩400−180−60)=₩370

(₩120+10: 지출증분원가, 1.5×(₩400−180−60): 단위당 기회원가)

10 ② [기회원가를 고려한 최소사내대체가격]

최소사내대체가격=단위당 증분원가+단위당 기회원가*

$$= (₩40+35+25) + \frac{₩150-(₩40+35+25)}{4,000} \times 2,000$$

$$= ₩100 + 25 = ₩125$$

* 여유생산능력의 부족으로 부품 X 2,000단위를 외부시장에 판매하지 못하는 기회원가를 사내대체량 단위당 금액으로 구한 값

11 ③ [기회원가를 고려한 최소사내대체가격]

	A사업부	
	공급사업부	
최대생산능력	5,000단위	
판매가격	₩200	₩180
단위당 변동원가	(−) 100	(−) 100
단위당 공헌이익	₩100	₩80
판매수량	(×) 3,000	(×) 4,000
총공헌이익	₩300,000*	₩320,000*
여유생산능력	2,000	1,000

내부대체량	2,000단위	
	추가생산량	판매감소량
	2,000	1,000
변동원가	₩200,000	
공헌이익 감소(기회원가)*		₩20,000
총원가		220,000
최소대체가격	₩220,000÷2,000=	₩110

* 사내대체를 위해 외부판매를 줄일 때 ₩200에 판매하는 것이 유리하며 외부시장으로부터 공헌이익이 ₩20,000(=₩320,000−300,000) 감소한다.

12 ⑤ [기회원가를 고려한 최소사내대체가격]

	공급사업부 A	
최대생산가능량	180,000	
외부판매수량	180,000	
여유생산능력	0	
[외부판매]		
판매가격	₩50	
단위당 변동제조원가	29	
변동판매관리비	4	
단위당 공헌이익	₩17	
[사내대체]		
증분제조원가	₩27	(=₩29−2)
기회원가	17	
최소대체가격	₩44	

〈별 해〉

최소대체가격= 외부판매가 − 단위당 비용절감액

= ₩50 − (₩2+4) =₩44

13 ⑤ [균등이익 사내대체가격]

대체 단위당 회사전체 이익증가액=₩50,000÷1,000단위=₩50

최대대체가격(M)=최소대체가격(₩160)+50=₩210

균등이익 사내대체가격(E)=₩160+25=₩185

M＋E＝₩210＋185＝₩395

14 ① [기회원가를 고려한 사내대체 의사결정]

제품 X의 시간당 공헌이익＝₩40－5－10＝₩25 ＞ 제품 Y의 시간당 공헌이익＝(₩7－2－2)/0.2＝₩15이므로

X 3,000단위(3,000시간분)를 사내대체할 때 X의 외부판매물량을 줄이지 않고 Y의 생산 · 판매량을 15,000단위(＝3,000시간/0.2시간) 줄인다.

증분이익＝G 3,000단위 구입원가 감소－X 3,000 사내대체물량 변동제조원가

－Y 15,000단위 판매 공헌이익 감소

＝3,000단위×₩40－3,000단위×₩15－15,000단위×₩3＝₩30,000

15 ⑤ [최소사내대체가격]

제품 X 단위당 변동제조원가＋제품 Y 5단위 공헌이익

＝(₩5＋10)＋(5단위×₩3)

＝₩30

16 ③ [기회원가를 고려한 최소사내대체가격]

	추가생산	외부판매	
사내대체량	500		
외부판매감소량		200	
단위당 변동원가	₩37		₩37
단위당 공헌이익		× ₩60	
공헌이익 감소		₩12,000	
사내대체량		÷ 500	
단위당 기회원가		₩24	24
최소대체가격			₩61

17 ④ [기회원가를 고려한 사내대체 의사결정]

	A사업부		B사업부
	외부판매	내부대체	외부구입
가 격	₩45	P	₩65
변동비	₩15	₩22	
총공헌이익	2,500개 × ₩30	2,000개 ×(P − ₩22)	

1) A사업부 최소대체가격

 2,500개 × ₩30 ≤ 2,000개 ×(P − ₩22)

 P ≥ ₩59.5

2) B사업부 최대대체가격은 외부구입 비용인 ₩65이다. P ≤ ₩65

3) 최적사내이전가격의 범위는 ₩59.5 ≤ P ≤ ₩65이다.

18 ③ [기회원가를 고려한 최소사내대체가격]

A사업부

단위당 증분지출원가＝단위당 변동원가	₩300
단위당 기회원가＝(₩600－300)/단위 ×[300－(3,000－2,850)]단위 ÷ 300단위＝	150
최소사내대체가격	₩450

〈별 해〉

유휴생산능력이 있는 물량(150단위) 최소대체가격＝단위당 변동비 ₩300

유휴생산능력이 없는 물량(150단위) 최소대체가격＝외부판매가격 ₩600

$$300\text{단위의 최소사내대체가격} = \frac{₩300 \times 150\text{단위} + ₩600 \times 150\text{단위}}{300\text{단위}} = ₩450$$

19 ⑤ [기회원가를 고려한 사내대체 의사결정]

사업부 1(공급사업부)의 최소대체가격＝₩25(외부판매가격)

사업부 2(구매사업부)의 최대대체가격＝₩80－30－5＝₩45

⇒ 두 사업부간 대체거래가 이루어지기 위해서는 사내대체가격이 ₩25와 ₩45 사이에서 결정되어야 한다.

20 ③ [국제이전가격]

1) 대체가격의 범위

최소대체가격＝₩1,000＋(₩5,000－1,000)＝₩5,000

최대대체가격＝Min[₩7,000, (₩10,000/1.15)]＝₩7,000

2) FTA체결 전 조세부담을 최소화하는 대체가격

조세부담액＝(TP－₩1,000)×10%(칠레 법인세)＋TP×15%(관세)＋(₩10,000－TP)×20%(한국 법인세)

＝₩1,900＋0.05TP

TP가 클수록 조세부담액이 커지므로 TP를 최소화하는 것이 유리하다.

⇒ TP＝₩5,000

3) FTA체결 후 조세부담을 최소화하는 대체가격

조세부담액＝(TP－₩1,000)×10%＋(₩10,000－TP)×20%＝₩1,900－0.1TP

TP가 클수록 조세부담액이 작아지므로 TP를 최대화하는 것이 유리하다.

⇒ TP＝₩7,000

주관식

21 [대체가격, 특별주문 의사결정, 절세]

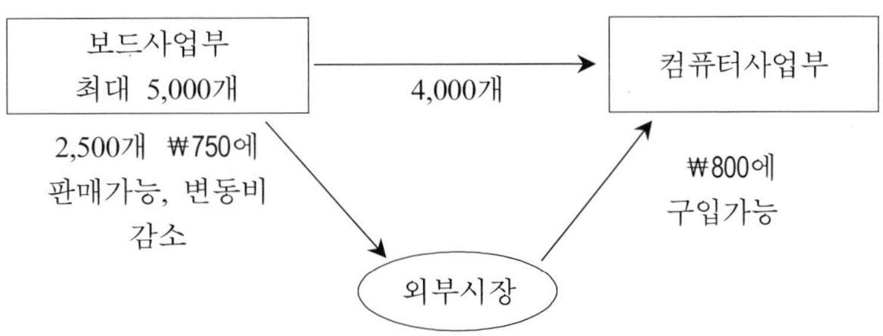

1. 보드 특별주문 수락 결정

※ 현재 이 회사의 최대조업도는 5,000단위이고 그중 4,000단위를 생산하여 대체하고 있으므로 특별주문 2,500단위 수락시 포기해야 할 기존의 1,500단위에 대한 이익(기회원가)을 고려해야 한다. 특별주문에 대한 의사결정시에는 반드시 회사의 최대조업도와 현재의 조업도를 비교해야 한다.

[회사전체] (총액법)

		특별주문 거절	특별주문 수락	
		사내대체 4,000개	사내대체 2,500개	외부판매 2,500개
수 익	컴퓨터	4,000×P	4,000×P	
	보 드			2,500×₩750
변동비	보드제조원가	4,000×₩400	2,500×₩400	2,500×₩330
	보드구입원가		1,500×₩800	
공헌이익		4,000×(P−₩400)	2,500×(P−₩400) +1,500×(P−₩800)	2,500×₩420
공헌이익 합계		4,000P−₩1,600,000	4,000P−₩1,150,000	

특별주문을 수락하면 이익이 ₩450,000(=₩1,600,000−1,150,000) 증가하므로 수락한다.

〈별해 : 증분법〉

특별주문 수락시			
증분수익	2,500개×₩750/개 =		₩1,875,000
증분원가			
변동제조원가	2,500개×(₩150+105+75)/개=	₩825,000	
기회원가*	1,500개×(₩800−400)/개=	600,000	1,425,000
증분이익			₩450,000

* 특별주문 2,500개를 수락하면 현재 여유생산능력 1,000개(=5,000−4,000) 이외의 1,500개 물량은 현재 사내대체하던 물량을 판매한다. 이때, 이 1,500개를 외부시장에서 단위당 ₩800에 구입한다. 자체생산시 단위당 변동원가 ₩400(=₩175+125+100)보다 원가가 증가하여 총 ₩600,000의 원가증가가 기회원가로 발생한다.

특별주문을 수락하면 이익이 증가하므로 특별주문을 수락한다.

2. 목표일치 사내대체가격

※ [요구사항 1]에서 최적 의사결정이 특별주문 수락이므로, 보드사업부가 사내대체를 2,500개, 외부판매를 2,500개 하도록 유도하는 사내대체가격을 사용한다.

[공급부문 : 보드사업부]

1) 사내대체물량이 2,500개 이하일 때에는 특별주문 수락과 무관하므로 변동원가 ₩400이 최소대체가격이다.

2) 사내대체물량이 2,500개 이상일 때에는 특별주문을 거절해야 하므로 특별주문

의 이익이 고려되어야 한다.

	특별주문 거절	특별주문 수락	
	사내대체 4,000개	사내대체 2,500개	외부판매 2,500개
수 익	4,000×TP	2,500×TP	2,500×₩750
변 동 비	4,000×₩400	2,500×₩400	2,500×₩330
공헌이익	4,000×(TP－₩400)	2,500×(TP－₩400)	2,500×₩420
이익합계	4,000×(TP－₩400)	2,500×(TP－₩400)＋₩1,050,000	

4,000×(TP － ₩400) ≥ 2,500×(TP－₩400)＋₩1,050,000

⇒ 1,500×(TP－₩400) ≥ ₩1,050,000

⇒ TP ≥ ₩400＋₩1,050,000/1,500＝₩1,100

2,500개 초과량에 대한 공급부문의 최소사내대체가격＝₩1,100

[수요부문 : 컴퓨터사업부]

최대대체가격＝외부구입원가＝₩800

[목표일치 대체가격]

₩400 이상 ₩800 이하이면 사내대체 2,500개, 외부판매 2,500개가 이루어진다.

3. 전부원가기준 대체가격＝단위당 변동원가 ＋ 단위당 고정원가

＝ ₩400 ＋ ₩750,000 / 4,000개

＝ ₩587.5

4. 전부원가기준 대체가격의 장・단점

〈장점〉 1) 이해하기 쉽고 재무보고용 원가계산에 사용되므로 별도로 계산할 필요가 없다.

2) 원가를 변동원가와 고정원가로 구분할 필요가 없고, 복잡한 기회원가를 계산할 필요가 없다.

〈단점〉 1) 전부원가에는 의사결정의 비관련원가인 고정원가가 포함되고 기회원가는 제외되어 의사결정에 적합하지 않은 원가이므로 목표일치 대체가격이 아니다.

2) 실제원가를 사용하면 공급부문의 비능률이 수요부문에 전가되고 공급부문이 원가절감노력을 할 동기가 없다.

3) 실제원가를 사용하면 공급부문의 이익은 항상 0으로 계산되므로 평가

공정성 문제가 있다.

5. 국가간 대체시 법인세 절감 문제

[국세청에서 인정하는 범위]

전부원가＝₩587.5 ≤ TP ≤ ₩800＝시장가격

[전사적 법인세 절감]

국가간 대체시에는 전세계적인 법인세를 최소화하기 위하여 세율이 낮은 국가의 사업부에 많은 이익이 발생하게 사내대체가격을 결정한다.

보드사업부가 법인세가 부과되지 않는 국가에 위치하므로 공급부문인 보드사업부의 이익을 최대화하는 대체가격, 즉 허용되는 가장 높은 가격 ₩800에 결정한다.

저자약력

서울대학교 경제학과 졸업

U. C. Berkeley 경영학 박사 (회계학 전공)

New York University 회계학과 교수

다양한 공인국가시험 출제위원

성균관대학교 경영대학 명예교수

현 IFRS재단 ISSB 상근위원

제 8 판 **원가관리회계 해답**

2003년 3월 15일 제 1 판 1쇄 발행
2024년 1월 20일 제 8 판 1쇄 인쇄
2024년 1월 30일 제 8 판 1쇄 발행

저 자 백 태 영
발 행 인 권 영 섭
발 행 처 (주)신 영 사

경기도 파주시 심학산로 12(출판문화단지)
등 록 : 1988. 5. 2 / 제406-1988-000020호
전 화 : 031-946-2894(代)
F A X : 031-946-0799
e-mail : sys28945@naver.com
홈페이지 : http://www.shinyoungsa.co.kr

정가 7,000원

ISBN 978-89-5501-853-0